全国职业院校技能大赛会计实务项目辅导教材
中等职业教育改革创新示范教材

企业财务会计单项实训

主　编　罗绍明
副主编　龙子午　罗明丽　王晓民
参　编　陈晓群　朱　萌　王俊耀

机 械 工 业 出 版 社

本书是《企业财务会计》的配套用书，是为了方便教师开展教学，指导学生进行财务会计单项实训而编写的教学参考用书。

本书突出以能力为本位的模块化教学模式，以一家家具生产企业的经济业务为基础，针对该企业的经营运作流程设计出循序渐进的财务会计岗位实训项目，具体包括出纳业务实训、筹资与投资业务实训、采购与生产业务实训、销售与利润业务实训、财务会计业务综合实训五个项目。

本书可作为职业学校会计及会计电算化专业的教学用书或配套用书，可作为参加国家、省市职业教育会计实务技能竞赛的辅导教材，也可作为企业在职财务会计人员及对财务会计有兴趣和爱好者的学习参考书和实训用书。

图书在版编目（CIP）数据

企业财务会计单项实训/罗绍明主编. —北京：机械工业出版社，2012.2
全国职业院校技能大赛会计实务项目辅导教材. 中等职业教育改革创新示范教材
ISBN 978-7-111-37253-0

Ⅰ. ①企… Ⅱ. ①罗… Ⅲ. ①企业管理—财务会计—中等专业学校—教材
Ⅳ. ①F275.2

中国版本图书馆 CIP 数据核字（2012）第 013383 号

机械工业出版社（北京市百万庄大街 22 号　邮政编码 100037）
责任编辑：宋　华　　　封面设计：马精明
责任印制：李　妍
北京振兴源印务有限公司印刷
2012 年 2 月第 1 版第 1 次印刷
184mm×260mm · 12 印张 · 130 千字
0001—3000 册
标准书号：ISBN 978-7-111-37253-0
定价：25.00 元

凡购本书，如有缺页、倒页、脱页，由本社发行部调换
电话服务
社服务中心：(010) 88361066
销 售 一 部：(010) 68326294
销 售 二 部：(010) 88379649
读者购书热线：(010) 88379203

网络服务
门户网：http://www.cmpbook.com
教材网：http://www.cmpedu.com

前言

本书依据我国最新会计准则的具体内容和税收法规的最新变化，遵循“以就业为导向，以技能为核心，以服务为宗旨”的指导思想，本着理论联系实际，以学生为主体，提高学生动手操作能力的教学理念，以一家家具生产企业的经济业务为基础，针对该企业的经营运作流程设计出循序渐进的财务会计岗位实训项目，学生可以在高仿真的岗位项目中进行实训操作，这既有利于学生清晰地了解企业经营的运作流程，又有利于学生掌握企业经营各环节会计业务的操作方法，加深对企业财务会计知识的理解，提高财务会计的实际操作技能。

本书突出以能力为本位的模块化教学模式，针对同一家企业经营运作的不同环节设计实训项目，具体包括出纳业务实训、筹资与投资业务实训、采购与生产业务实训、销售与利润业务实训、财务会计业务综合实训五个项目。每个项目又具体细分为“核算规则”、“实训要求”、“核算资料”、“经济业务”四个模块，其中，“核算规则”规定了各实训项目应采用的会计核算方法；“实训要求”提纲挈领地提出了各实训项目应达到的目的与要求以及应培养的操作技能；“核算资料”列出了各实训项目在实训操作时可能使用到的相关资料，包括核算企业资料、供应商资料、企业客户资料、账户期初余额、预留银行印鉴等；“经济业务”详细地列明了各实训项目的经济业务内容以及相应的原始凭证附于书后附录中。

本教材由广东省汕头市鮀滨职业技术学校罗绍明任主编，武汉工业学院硕士研究生导师龙子午、江西城市职业学院罗明丽和陕西科技大学王晓民任副主编，仲恺农业工程学院陈晓群、广州市圆方计算机软件工程有限公司朱萌（财务经理）、汕头市鮀滨职业技术学校王俊耀参加编写。具体分工为：项目五由罗绍明编写，项目四由龙子午编写，项目三由罗明丽、王晓民编写，项目一由朱萌编写，项目二由陈晓群编写，教材中原始凭证样图由王俊耀绘制。

由于编者水平有限，本教材中的缺点与不成熟之处在所难免，恳请读者批评指正并提出意见与建议。

编　者

目录

项目一　出纳业务实训

【核算规则】

1. 采用收、付、转类型记账凭证填制凭证。
2. 采用科目汇总表核算形式登记总账。
3. 该企业为一般纳税人，增值税税率为 17%。
4. 计算数据保留到 3 位小数。

【实训要求】

1. 填制原始凭证。
2. 编制各经济业务的会计分录。
3. 编制收、付、转记账凭证并装订成册。
4. 登记日记账（现金、银行存款日记账）。
5. 登记总账（现金、银行存款总账）。
6. 编制银行存款余额调节表。

【核算资料】

1.1　企业资料

1. 核算企业资料（见表 1-1）。

表 1-1　核算企业资料

项　目	内　容	项　目	内　容
企业名称	广东佳兴木业有限公司	开 户 行	广州市建行东环支行（01692）
开户账号	11682674052	纳税人识别号	440103256268024
地　址	番禺区东环路 120 号	电　话	56327581
法定代表人	李佳胜	会计主管	范永建
会　计	杨东梅	出　纳	谢丽华（440102198110252652）
备　注	广东佳兴木业有限公司于 1999 年经广州市国税局认定为一般纳税人		

2. 企业供应商资料（见表1-2）。

表1-2 企业供应商资料

名称	开户账号	地址、电话	开户银行	行号	纳税人识别号
广东泰华建材有限公司	11606313052	番禺区西丽南路2号，56637584	建行西丽支行	02436	440103568268026
广东利源木材工业公司	18722683058	梅州市梅江路6号，8835542	中行梅江支行	15056	440806835268026

3. 企业客户资料（见表1-3）。

表1-3 企业客户资料

名称	开户账号	地址、电话	开户银行	行号	纳税人识别号
广东胜华家具有限公司	11634813054	花都区新华路72号，36637584	工行新华支行	12496	440103564568023
广州百川家具有限公司	11676243355	增城市光明路36号，68682587	建行光明支行	02532	440102443268027
佛山海纳家具有限公司	13657443031	顺德区河滨南路9号，67697282	中行河滨支行	15032	440306208235036

1.2 期初余额

广东佳兴木业有限公司2011年7月31日部分总账账户期末余额（见表1-4）。

表1-4 总账账户期末余额表

2011年7月31日　　单位：元

总账账户	借方余额	备注
库存现金	4 000.00	
银行存款	516 834.00	
合计	520 834.00	

1.3 预留银行印鉴（见图1-1）。

广东佳兴木业有限公司财务专用章　　李佳胜

图1-1 预留银行印鉴

【经济业务】

1. 2011年8月2日，签发现金支票，提取现金5 000元备用（见附图1-1）。

2. 2011年8月3日，收到转账支票一张，系广东胜华家具有限公司支付前欠货款（见附图 1-2 和附图 1-3）。

3．2011 年 8 月 5 日，开出转账支票，支付前欠广东利源木材工业公司材料款 94 770 元（见附图 1-4）。

4．2011 年 8 月 6 日，采购员张志峰预借差旅费，以现金给付（见附图 1-5）。

5．2011 年 8 月 6 日，填写银行汇票申请书，向开户银行申请签发银行汇票，收款人为广东利源木材工业公司，金额为 115 600 元（见附图 1-6）。

6．2011 年 8 月 7 日，上缴上月未交增值税及附加税费（见附图 1-7 和附图 1-8）。

7．2011 年 8 月 9 日，向广州百川家具有限公司购买文件柜，文件柜已验收入库（见附图 1-9 至附图 1-11）。

8．2011 年 8 月 12 日，向广东利源木材工业公司采购材料一批，并以本月 6 日申请的银行汇票结算材料款（见附图 1-12 和附图 1-13）。

9．2011 年 8 月 12 日，根据合同向佛山海纳家具有限公司销售办公桌 80 张，沙发 60 套，货款已收存银行（见附图 1-14 和附图 1-15）。

10．2011 年 8 月 13 日，收到退回的银行汇票多余款 2 110 元（见附图 1-16）。

11．2011 年 8 月 14 日，采购员张志峰报销差旅费，并退回多余款（见附图 1-17 和附图 1-18）。

12．2011 年 8 月 15 日，银行代发上月工资 107 880 元（见附图 1-19 至附图 1-21）。

13．2011 年 8 月 16 日，支付上月水电费 3 240.62 元（见附图 1-22 至附图 1-25）。

14．2011 年 8 月 19 日，购买办公用品，交行政办公室使用，以现金支付（见附图 1-26）。

15．2011 年 8 月 28 日，以现金支付司机李明杰报销汽油费（见附图 1-27 和附图 1-28）。

16．2011 年 8 月 30 日，接银行付款通知，支付借款利息（见附图 1-29）。

17．2011 年 8 月 31 日，现金清查中，发现现金短款 27 元（见附图 1-30）。

18．2011 年 8 月 31 日，为拓展产品销售，支付客户招待餐饮费 1 600 元，以银行存款支付（见附图 1-31 和附图 1-32）。

19．2011 年 8 月 31 日，经核查，现金清查发现的现金短款属于出纳员的责任，应由其赔偿，当日收到赔偿款（见附图 1-33 和附图 1-34）。

20．2011 年 8 月 31 日，与开户行对账，中国建设银行对账单（见附图 1-35），要求编制未达账项列表（见附图 1-36）和银行存款余额调节表（见附图 1-37）。

项目二　筹资与投资业务实训

【核算规则】

1. 采用通用记账凭证填制凭证。
2. 采用记账凭证核算形式登记总账。
3. 该企业为一般纳税人，增值税税率为 17%。
4. 计算数据保留到 3 位小数。

【实训要求】

1. 填制原始凭证。
2. 编制各经济业务的会计分录。
3. 编制通用记账凭证并装订成册。
4. 登记明细分类账（交易性金融资产）。
5. 登记总账（实收资本、交易性金融资产）。

【核算资料】

2.1　企业资料

1. 核算企业资料（同“项目一出纳业务实训”）。
2. 企业投资者资料（见表 2-1）。

表 2-1　企业投资者资料

名　　称	开 户 账 号	地址、电话	开 户 银 行	行　　号	纳税人识别号
广东佳和实业有限公司	11634813054	番禺区西环路 65 号，53637527	建行西环支行	02796	440103592168026
广东滨江建材有限公司	15286243356	东莞市银丰路 25 号，83682587	建行银丰支行	02862	440502443243027
深圳益林投资有限公司	12854243482	深圳市锦湖路 32 号，83574582	中行锦湖支行	03172	440206813243025

2.2 期初余额

1. 广东佳兴木业有限公司 2011 年 8 月 31 日部分总账账户期末余额如表 2-2 所示。

表 2-2 总账账户期末余额表

2011 年 8 月 31 日　　单位：元

总账账户	借方余额	备注
实收资本	795 000.00	
交易性金融资产	58 000.00	
合计	853 000.00	

2. 广东佳兴木业有限公司 2011 年 8 月 31 日部分明细分类账户期末余额如表 2-3 所示。

表 2-3 明细分类账户期末余额表

2011 年 8 月 31 日　　单位：元

总账账户	明细分类账户	借方余额	备注
交易性金融资产	风华高科（成本）	58 000.00	5 000 股×11.60 元
合计	—	58 000.00	

2.3 预留银行印鉴

同“项目一出纳业务实训”，此处略。

【经济业务】

1．2011 年 9 月 2 日，收到深圳益林投资有限公司作为资本金投入的现金投资额 460 000 元，款项已收存银行（见附图 2-1 至附图 2-3）。

2．2011 年 9 月 5 日，收到广东佳和实业有限公司作为资本金投入的不需安装的锯木机一台，佳和公司开出增值税专用发票，发票注明价款 320 000 元，增值税 54 400 元，锯木机已验收并投入使用（见附图 2-4 至附图 2-6）。

3．2011 年 9 月 6 日，收到广东滨江建材有限公司作为资本金投入的材料一批，滨江公司开出增值税专用发票，发票注明价款 259 000 元，增值税 44 030 元，材料已验收入库（见附图 2-7 至附图 2-9）。

4．2011 年 9 月 8 日，向银行借入为期 3 个月的借款，款项已划入公司存款户（见附图 2-10）。

5．2011 年 9 月 15 日，以交易为目的，通过二级市场购入众业达股票 5 000 股，每股市价 21.46 元，另支付交易手续费等相关费用 162 元（见附图 2-11）。

6．2011 年 9 月 18 日，收到银行存款利息（见附图 2-12）。

7．2011 年 9 月 20 日，以交易为目的，通过二级市场购入力生制药股票 2 000 股，每股市价 46.80 元，另支付交易手续费等相关费用 124 元。力生制药于 9 月 18 日宣告每 10 股派发现金股利 5 元，该现金股利将按 9 月 25 日的股东名册发放（见附图 2-13 至附图 2-15）。

8．2011 年 9 月 26 日，收到力生制药股份有限公司派发的现金股利（见附图 2-16）。

9．2011 年 9 月 28 日，偿还短期借款 50 000 元（见附图 2-17）。

10．2011 年 9 月 29 日，通过二级市场出售所持有的风华高科股票 5 000 股，每股市价 16.48 元，另支付交易手续费等相关费用 118 元（见附图 2-18）。

11．2011 年 9 月 30 日，计算应付借款利息（见附图 2-19）。

12．2011 年 9 月 30 日，众业达每股市价为 28.9 元，力生制药每股市价为 41.60 元，期末计算公允价值变动损益（见附图 2-20 和附图 2-21）。

项目三　采购与生产业务实训

【核算规则】

1. 采用通用记账凭证填制凭证。
2. 采用记账凭证核算形式登记总账。
3. 存货采用实际成本法核算。
4. 采用月末一次加权平均法计算发出材料成本。
5. 固定资产采用年限平均法计提折旧。
6. 产品成本按品种法计算。
7. 该企业为一般纳税人，增值税税率为 17%。
8. 计算数据保留到 3 位小数。

【实训要求】

1. 填制原始凭证。
2. 编制各经济业务的会计分录。
3. 编制通用记账凭证并装订成册。
4. 登记明细分类账（原材料、生产成本）。
5. 登记总账（原材料、生产成本、制造费用）。

【核算资料】

3.1　企业资料

1. 核算企业资料（同“项目一出纳业务实训”）。
2. 企业供应商资料（见表 3-1）。

表 3-1　企业供应商资料

名　称	开户账号	地址、电话	开户银行	行　号	纳税人识别号
广东泰华建材有限公司	11606313052	番禺区西丽南路 2 号，56637584	建行西丽支行	02436	440103568268026
广州市永安包装材料公司	11682543357	番禺区东环路 12 号，56682584	建行东环支行	02472	440102498268020
广东利源木材工业公司	18722683058	梅州市梅江路 6 号，8835542	中行梅江支行	15056	440806835268026

3.2 期初余额

1. 广东佳兴木业有限公司 2011 年 9 月 30 日部分总账账户期末余额如表 3-2 所示。

表 3-2 总账账户期末余额表

2011 年 9 月 30 日　　　　单位：元

总账账户	借方余额	备注
原材料	12 560.00	
生产成本	0	
制造费用	0	
合　计	12 560.00	

2. 广东佳兴木业有限公司 2011 年 9 月 30 日原材料各明细账户期末余额如表 3-3 所示。

表 3-3 原材料各明细账户期末余额表

2011 年 9 月 30 日　　　　单位：元

明细账户	单位	数量	单价	金额
木条	根	200	14.8	2 960
木板	块	100	60	6 000
油漆	桶	20	180	3 600
合　计	—	—	—	12 560.00

3.3 预留银行印鉴

同“项目一出纳业务实训”，此处略。

➘【经济业务】

1. 2011 年 10 月 4 日，向广东泰华建材有限公司购买油漆 120 桶，收到增值税专用发票和承运单，油漆已验收入库，款项已支付（见附图 3-1 至附图 3-4）。

2. 2011 年 10 月 6 日，向广东利源木材工业公司采购木料一批，收到增值税专用发票，款项已付，但木料尚未收到（见附图 3-5 和附图 3-6）。

3. 2011 年 10 月 8 日，向广东利源木材工业公司采购的木料到达，已验收入库（见附图 3-7）。

4. 2011 年 10 月 10 日，生产产品领用材料（见附图 3-8 和附图 3-9）。

5. 2011 年 10 月 12 日，向广东泰华建材有限公司购买油漆 80 桶，收到增值税专用发票和承运单，油漆已验收入库，款项以商业承兑汇票支付（见附图 3-10 至附图 3-12）。

6. 2011 年 10 月 16 日，向广东利源木材工业公司购买材料一批，材料已验收入库，收到增值税专用发票，款项以银行承兑汇票支付（见附图 3-13 至附图 3-16）。

7. 2011 年 10 月 20 日，生产产品领用材料（见附图 3-17 和附图 3-18）。

8．2011 年 10 月 25 日，生产车间一般耗用领料（见附图 3-19）。

9．2011 年 10 月 26 日，向广州市永安包装材料公司购买 A、B 型包装箱一批，收到增值税专用发票，材料已验收入库，货款尚未支付（见附图 3-20 和附图 3-21）。

10．2011 年 10 月 28 日，支付本月 26 日欠广州市永安包装材料公司的材料款（见附图 3-22）。

11．2011 年 10 月 28 日，行政管理部门一般消耗领用油漆 8 桶（见附图 3-23）。

12．2011 年 10 月 28 日，生产车间一般消耗领用油漆 10 桶（见附图 3-24）。

13．2011 年 10 月 30 日，生产产品领用包装材料（见附图 3-25 和附图 3-26）。

14．2011 年 10 月 30 日，购买生产车间用办公用品，以银行存款支付（见附图 3-27 和附图 3-28）。

15．2011 年 10 月 31 日，计算发出材料成本，采用月末一次加权平均法（见附图 3-29 和附图 3-30）。

16．2011 年 10 月 31 日，计算分配本月水费（见附图 3-31）。

17．2011 年 10 月 31 日，计算分配本月电费（见附图 3-32）。

18．2011 年 10 月 31 日，计算分配本月工资费用（见附图 3-33）。

19．2011 年 10 月 31 日，分配结转本月制造费用（见附图 3-34）。

20．2011 年 10 月 31 日，计算完工产品成本（假定本月生产产品全部完工，见附图 3-35 至附图 3-40）。

项目四　销售与利润业务实训

【核算规则】

1. 采用通用记账凭证填制凭证。
2. 采用记账凭证核算形式登记总账。
3. 库存商品采用实际成本法核算。
4. 采用月末一次加权平均法计算发出产品成本。
5. 该企业为一般纳税人，增值税税率为17%。
6. 计算数据保留到3位小数。

【实训要求】

1. 填制原始凭证。
2. 编制各经济业务的会计分录。
3. 编制通用记账凭证并装订成册。
4. 登记明细分类账（主营业务收入、主营业务成本）。
5. 登记总账（主营业务收入、主营业务成本、本年利润）。

【核算资料】

4.1　企业资料

1. 核算企业资料（同“项目一出纳业务实训”）。
2. 企业客户资料（见表4-1）。

表4-1　企业客户资料

名　　称	开户账号	地址、电话	开户银行	行　　号	纳税人识别号
广东胜华家具有限公司	11634813054	花都区新华路72号，36637584	工行新华支行	12496	440103564568023
广州百川家具有限公司	11676243355	增城市光明路36号，68682587	建行光明支行	02532	440102443268027
佛山海纳家具有限公司	13657443031	顺德区河滨南路9号，67697282	中行河滨支行	15032	440306208235036
深圳佳缘家具有限公司	12934783058	深圳市怡景路12号，88396432	工行怡景支行	12059	440206835254026

4.2 期初余额

广东佳兴木业有限公司 2011 年 10 月 31 日部分总账账户期末余额如表 4-2 所示。

表 4-2 总账账户期末余额表

2011 年 10 月 31 日 单位：元

总账账户	借方余额	备注
主营业务收入	0	
主营业务成本	0	
本年利润	0	
合计	0	

4.3 预留银行印鉴

同“项目一出纳业务实训”，此处略。

【经济业务】

1. 2011 年 11 月 2 日，向广东胜华家具有限公司销售办公桌 60 张，单价为 380 元，增值税税率为 17%，开出增值税专用发票，款项已收存银行（见附图 4-1 至附图 4-4）。

2. 2011 年 11 月 5 日，根据合同，向广州百川家具有限公司销售办公桌 50 张，沙发 50 套，开出增值税专用发票，已办理委托收款手续，款项尚未收到（见附图 4-5 至附图 4-7）。

3. 2011 年 11 月 8 日，根据合同，向佛山海纳家具有限公司销售办公桌 120 张，原价为 380 元/张，沙发 80 套，原价为 640 元/套。考虑到佛山海纳家具有限公司一次性购买数量较多，公司同意给予 9 折优惠，开出广东省增值税专用发票，收到佛山海纳家具有限公司开出的银行承兑汇票一张（见附图 4-8 至附图 4-10）。

4. 2011 年 11 月 9 日，根据合同，向深圳佳缘家具有限公司销售办公桌 90 张，沙发 80 套，开出广东省增值税专用发票。合同约定，按不含税价款提供现金折扣，现金折扣条件为（2/10，1/20，n/30），其经济业务票单见附图 4-11 和附图 4-12。

5. 2011 年 11 月 12 日，本月 5 日销售给广州百川家具有限公司的办公桌，其中有 2 张验收不合格，广州百川家具有限公司要求退回不合格办公桌，经核查，公司同意退货，并办妥了退货手续，退回办公桌已入库（见附图 4-13 至附图 4-16）。

6. 2011 年 11 月 15 日，向广东胜华家具有限公司销售办公桌 60 张，沙发 40 套，开出增值税专用发票，款项尚未收到（见附图 4-17 和附图 4-18）。

7. 2011 年 11 月 16 日，本月 15 日销售给广东胜华家具有限公司的沙发，经验收存在瑕疵，广东胜华家具有限公司要求给予 10%的销售折让，经核查，公司同意广东胜华家具有限公司的要求，并办妥了相关手续（见附图 4-19 至附图 4-21）。

8. 2011 年 11 月 19 日，收到深圳佳缘家具有限公司支付的本月 9 日的货款（见附图 4-22 至附图 4-24）。

9. 2011 年 11 月 22 日，根据合同，向佛山海纳家具有限公司销售办公桌 50 张，沙发 30 套，开出增值税专用发票，并代垫运杂费 260 元，款项尚未收到（见附图 4-25 至附图 4-29）。

10. 2011 年 11 月 24 日，支付业务招待餐饮费（见附图 4-30 和附图 4-31）。

11. 2011 年 11 月 25 日，支付产品广告费（见附图 4-32 和附图 4-33）。

12. 2011 年 11 月 28 日，购买办公用品，交行政办公室使用（见附图 4-34 和附图 4-35）。

13. 2011 年 11 月 29 日，向广州百川家具有限公司销售不需用的木板 180 块，款项已收存银行（见附图 4-36 至附图 4-39）。

14. 2011 年 11 月 30 日，支付借款利息，其中上月计提利息 300 元（见附图 4-40）。

15. 2011 年 11 月 30 日，本月增值税进项税额为 33 616.4 元，计算本月应交城市维护建设税（7%）和教育费附加（3%）（见附图 4-41）。

16. 2011 年 11 月 30 日，结转本月材料销售成本，木板单位成本为 66 元（见附图 4-42）。

17. 2011 年 11 月 30 日，结转本月产品销售成本，其中办公桌单位成本为 272 元，沙发单位成本为 436 元（见附图 4-43）。

18. 2011 年 11 月 30 日，结转本月损益类账户（见附图 4-44 至附图 4-46）。

19. 2011 年 11 月 30 日，计算并结转本月应交所得税，企业所得税税率为 25%（见附图 4-47 和附图 4-48）。

20. 2011 年 11 月 30 日，计提法定盈余公积金，计提比例为 10%（见附图 4-49 和附图 4-50）。

项目五　财务会计业务综合实训

【核算规则】

1. 采用通用记账凭证填制凭证。
2. 采用记账凭证核算形式登记总账。
3. 存货采用实际成本法核算。
4. 采用月末一次加权平均法计算发出材料成本。
5. 固定资产采用年限平均法计提折旧。
6. 产品成本按品种法计算。
7. 该企业为一般纳税人，增值税税率为 17%。
8. 计算数据保留到 3 位小数。

【实训要求】

1. 填制原始凭证。
2. 编制各经济业务的会计分录。
3. 编制通用记账凭证并装订成册。
4. 登记明细分类账（原材料、主营业务收入）。
5. 登记总账（原材料、主营业务收入、应交税费）。
6. 编制资产负债表与利润表。

【核算资料】

5.1　企业资料

1. 核算企业资料（同“项目一出纳业务实训”）。
2. 企业供应商资料（见表 5-1）。

表 5-1　企业供应商资料

名　　称	开户账号	地址、电话	开户银行	行　　号	纳税人识别号
广东泰华建材有限公司	11606313052	番禺区西丽南路 2 号，56637584	建行西丽支行	02436	440103568268026

（续）

名 称	开户账号	地址、电话	开户银行	行 号	纳税人识别号
广州市永安包装材料公司	11682543357	番禺区东环路 12 号，56682584	建行东环支行	02472	440102498268020
广东利源木材工业公司	18722683058	梅州市梅江路 6 号，8835542	中行梅江支行	15056	440806835268026
广州福林机械有限公司	11629413054	芳村区芳村大道 2 号，83682585	工行芳村支行	12063	440105307268034

3. 企业客户资料（见表 5-2）。

表 5-2　企业客户资料

名 称	开户账号	地址、电话	开户银行	行 号	纳税人识别号
广东胜华家具有限公司	11634813054	花都区新华路 72 号，36637584	工行新华支行	12496	440103564568023
广州百川家具有限公司	11676243355	增城市光明路 36 号，68682587	建行光明支行	02532	440102443268027
佛山海纳家具有限公司	13657443031	顺德区河滨南路 9 号，67697282	中行河滨支行	15032	440306208235036
深圳佳缘家具有限公司	12934783058	深圳市怡景路 12 号，88396432	工行怡景支行	12059	440206835254026

5.2　期初余额

1. 广东佳兴木业有限公司 2011 年 11 月 30 日总分类账户期末余额如表 5-3 所示。

表 5-3　总分类账户期末余额表

2011 年 11 月 30 日　　单位：元

账户名称	借方余额	账户名称	贷方余额
库存现金	4 000	短期借款	161 600
银行存款	521 662	应付账款	407 600
其他货币资金	114 600	应付票据	200 000
交易性金融资产	283 000	预收账款	100 000
应收票据	132 000	应付股利	64 431.7
应收账款	500 000	应付职工薪酬	30 000
预付账款	100 000	应交税费	53 462
其他应收款	10 000	其他应付款	20 000
在途物资	50 000	坏账准备	2 500
原材料	25 752	累计折旧	347 500
周转材料	69 600	累计摊销	80 000
生产成本	0	长期借款	2 320 000

（续）

账户名称	借方余额	账户名称	贷方余额
制造费用	0	实收资本	1 500 000
库存商品	844 800	资本公积	1 280 000
发出商品	0	盈余公积	750 292.8
长期股权投资	500 000	利润分配	436 027.5
固定资产	4 262 000	本年利润	
在建工程	56 000		
工程物资	60 000		
无形资产	220 000		
合　计	7 753 414	合　计	7 753 414

2. 广东佳兴木业有限公司 2011 年 11 月 30 日原材料各明细账户期末余额如表 5-4 所示。

表 5-4　原材料各明细账户期末余额表

2011 年 11 月 30 日　　单位：元

明细账户	单　位	数　量	单　价	金　额
木条	根	480	14	6 720
木板	块	220	65	14 300
油漆	桶	26	182	4 732
合　计	—	—	—	25 752.00

5.3　预留银行印鉴

预留银行印鉴同“项目一出纳业务实训”，此处略。

【经济业务】

1. 2011 年 12 月 1 日，支付前欠广东利源木材工业公司材料采购款 41 886 元（见附图 5-1）。

2. 2011 年 12 月 2 日，填写银行本票申请书，向开户行申请签发银行本票，收款人为广东泰华建材有限公司，金额为 46 000 元（见附图 5-2）。

3. 2011 年 12 月 5 日，向广东泰华建材有限公司采购油漆 210 桶，油漆已验收入库，以本月 2 日申请的银行本票结算货款（见附图 5-3 和附图 5-4）。

4. 2011 年 12 月 6 日，收到广东泰华建材有限公司退回的银行本票多余款（见附图 5-5 和附图 5-6）。

5. 2011 年 12 月 8 日，向广东利源木材工业公司采购材料一批，款项已付，材料已验收入库（见附图 5-7 至附图 5-9）。

6. 2011 年 12 月 9 日，向佛山海纳家具有限公司销售办公桌 200 张，沙发 120 套，开出广东省增值税专用发票，收到海纳公司签发的、为期 2 个月的商业承兑汇票一张（见附图 5-10 至附图 5-12）。

7. 2011 年 12 月 10 日，支付律师咨询费 2 000 元（见附图 5-13 和附图 5-14）。

8. 2011 年 12 月 11 日，生产产品领用材料（见附图 5-15 和附图 5-16）。

9. 2011 年 12 月 12 日，向广东胜华家具有限公司销售办公桌 100 张，沙发 60 套，开出增值税专用发票，款项已收存银行（见附图 5-17 至附图 5-20）。

10. 2011 年 12 月 14 日，接银行付款通知，支付上月水电费（见附图 5-21 至附图 5-24）。

11. 2011 年 12 月 15 日，接银行付款通知，支付银行借款利息 300 元（见附图 5-25）。

12. 2011 年 12 月 16 日，以交易为目的，通过二级市场购入振华科技股票 5 000 股，每股市价为 11.53 元，支付手续费等相关费用 86.5 元（见附图 5-26）。

13. 2011 年 12 月 18 日，根据合同，向深圳佳缘家具有限公司销售办公桌 160 张，沙发 120 套，开出增值税专用发票。合同约定，按含税价款提供现金折扣，现金折扣条件为（2/10，1/20，n/30）（见附图 5-27 和附图 5-28）。

14. 2011 年 12 月 19 日，将本月 9 日佛山海纳家具公司签发的商业承兑汇票向银行申请贴现，贴现率为 4.5%（见附图 5-29）。

15. 2011 年 12 月 20 日，生产产品领用材料（见附图 5-30 和附图 5-31）。

16. 2011 年 12 月 22 日，向广州福林机械有限公司购买锯木机一台，收到增值税专用发票一张，款项已承付（见附图 5-32 至附图 5-34）。

17. 2011 年 12 月 25 日，管理部门领用油漆 8 桶，车间一般耗用领用油漆 10 桶（见附图 5-35 和附图 5-36）。

18. 2011 年 12 月 26 日，向广州百川家具有限公司销售办公桌 86 张，沙发 80 套，开出增值税专用发票，款项已收存银行（见附图 5-37 至附图 5-40）。

19. 2011 年 12 月 27 日，本月 26 日销售给广东百川家具有限公司的办公桌，其中有 3 张验收不合格，百川公司要求退货。经核查，公司同意退货，并办妥了相关手续，退回的办公桌已入库（见附图 5-41 至附图 5-45）。

20. 2011 年 12 月 28 日，签发转账支票，向广东希望工程捐款 10 000 元（见附图 5-46 和附图 5-47）。

21. 2011 年 12 月 29 日，向广东胜华家具有限公司销售不需用木条 260 根，款项已收存银行（见附图 5-48 至附图 5-51）。

22. 2011 年 12 月 31 日，计提本月固定资产折旧（见附图 5-52）。

23. 2011 年 12 月 31 日，计算并分配本月工资费用（见附图 5-53）。

24. 2011 年 12 月 31 日，计算并分配本月水费（见附图 5-54）。

25. 2011 年 12 月 31 日，计算并分配本月电费（见附图 5-55）。

26. 2011 年 12 月 31 日，计算本月发出材料成本（包括材料销售成本），采用月末一次加权平均法（见附图 5-56 和附图 5-57）。

27. 2011 年 12 月 31 日，分配结转本月制造费用（见附图 5-58）。

28. 2011 年 12 月 31 日，计算本月完工产品成本（假定本月生产产品全部完工）（见附图 5-59 至附图 5-64）。

29. 2011 年 12 月 31 日，结转本月产品销售成本（单位成本见第 28 题）（见附图 5-65）。

30. 2011 年 12 月 31 日，计算本月应交城市维护建设税（7%）和教育费附加（3%）（见附图 5-66）。

31. 2011 年 12 月 31 日，结转本月损益类账户（见附图 5-67 至附图 5-69）。

32. 2011 年 12 月 31 日，计算并结转本月应交所得税，企业所得税税率为 25%（见附

图 5-70 和附图 5-71）。

33．2011 年 12 月 31 日，计提法定盈余公积金，计提比例为 10%（见附图 5-72 和附图 5-73）。

34．2011 年 12 月 31 日，经股东大会决议批准，决定分配利润 50 000 元（见附图 5-74）。

35．2011 年 12 月 31 日，结转“本年利润”账户到“利润分配——未分配利润”账户（见附图 5-75）。

36．2011 年 12 月 31 日，结转利润分配账户除“未分配利润”明细账户外的其他明细账户（见附图 5-76）。

附　录

景　　部

裁剪线　后面相同

中国建设银行支票存根（粤）

GS 07384001

附加信息

出票日期　年　月　日

收款人：

金　额：

用　途：

单位主管　会计

中国建设银行支票（粤）　GS 07384001

本支票付款期限十天

出票日期（大写）　年　月　日　付款行名称：

收款人：　出票人账号：

人民币（大写）	千	百	十	万	千	百	十	元	角	分

用途

上列款项请从

我账户内支付

出票人签章　广东佳兴木业有限公司财务专用章　李佳胜

复核　记账

附加信息：

被背书人

广东佳兴木业有限公司财务专用章　李佳胜

背书人签章

年　月　日

身份证件名称：　发证机关：

号码

（粘贴单处）

附图 1-1　支票

中国工商银行支票（粤）　GS 07024011

本支票付款期限十天

出票日期（大写）贰零壹壹年捌月零叁日　付款行名称：工行新华支行

收款人：广东佳兴木业有限公司　出票人账号：11634813054

人民币（大写）	千	百	十	万	千	百	十	元	角	分
肆万肆仟肆佰陆拾元整			¥	4	4	4	6	0	0	0

用途　支付货款

上列款项请从

我账户内支付

出票人签章　广东胜华家具有限公司财务专用章　王德胜

复核　记账

附加信息：

被背书人

背书人签章

年　月　日

身份证件名称：　发证机关：

号码

附图 1-2　转账支票

中国建设银行进账单　（回　单）　1

年　月　日

出票人	全称		收款人	全称	
	账号			账号	
	开户银行			开户银行	
金额	人民币（大写）		亿 千 百 十 万 千 百 十 元 角 分		
票据种类		票据张数			
票据号码					
复核	记账			开户银行盖章	

此联是开户银行交给持（出）票人的回单

附图 1-3　银行进账单

中国建设银行支票存根（粤）

GS 07384002

附加信息

出票日期　年　月　日

收款人：

金　额：

用　途：

单位主管　　会计

本支票付款期限十天

中国建设银行支票（粤）　GS 07384002

出票日期（大写）　年　月　日　付款行名称：

收款人：　出票人账号：

人民币（大写）	千	百	十	万	千	百	十	元	角	分

用途

上列款项请从

我账户内支付

出票人签章

广东佳兴木业有限公司财务专用章　李佳胜

复核　记账

附图 1-4　支票

借　据　№ 0012041

2011 年 8 月 6 日

借款人	张志峰	借款事由	出差采购材料
借款金额	人民币（大写）：零拾零万贰仟零佰零拾零元零角零分　¥2 000.00		
负责人审批	同意　郑景成　现金付讫		

会计主管：范永建　复核：杨东梅　出纳：谢丽华　签收：张志峰

第三联　记账

附图 1-5　借据

中国建设银行汇票申请书(存根)　1

第 01201 号

申请日期 2011 年 8 月 6 日

申请人	广东佳兴木业有限公司		收款人	广东利源木材工业公司
账　号 或住址	11682674052		账　号 或住址	18722683058
用途	支付采购材料款		代　理 付款行	
汇票金额	人民币 （大写）	壹拾壹万伍仟陆佰元整	千 百 十 万 千 百 十 元 角 分	¥ 1 1 5 6 0 0 0 0

上列款项请从我账户内支付

申请人盖章　广东佳兴木业有限公司财务专用章

科　　目（借）

对方科目（贷）

财务主管　　复核　　经办

中国建设银行银行汇票专用章

此联出票行给汇款人的回单

附图 1-6　银行汇票申请书存根联

广州市电子缴税系统回单

纳税人名称：广东佳兴木业有限公司　　　　纳税人编号：440103256268024

付款人名称	广东佳兴木业有限公司	收款人名称	广州市番禺区国家税务局
付款人账号	11682674052	收款人账号	11693665075
付款人开户行	广州市建行东环支行	收款人开户行	国家金库番禺支库
款项内容	代扣（国税）税款	电子税票号	013262856
税种	所属期	纳税金额	
增值税	2011.07.01-2011.07.31	47 800.00	
合计	—	¥47 800.00	
人民币（大写）	肆万柒仟捌佰元整		

经办：　　复核：　　打印日期：2011.08.07

中国建设银行股份有限公司 广州东环支行 2011.08.07 办讫章 (2)

附图 1-7　电子缴税凭证（一）

广州市电子缴税系统回单

纳税人名称：广东佳兴木业有限公司　　　　纳税人编号：440103256268024

付款人名称	广东佳兴木业有限公司	收款人名称	广州市番禺区地方税务局
付款人账号	11682674052	收款人账号	11682165072
付款人开户行	广州市建行东环支行	收款人开户行	国家金库番禺支库
款项内容	代扣（地税）税款	电子税票号	013262872
税种	所属期	纳税金额	
城市维护建设税	2011.07.01-2011.07.31	3 346.00	
教育费附加	2011.07.01-2011.07.31	1 434.00	
合计	—	¥4 780.00	
人民币（大写）	肆仟柒佰捌拾元整		

经办：　　复核：　　打印日期：2011.08.07

中国建设银行股份有限公司 广州东环支行 2011.08.07 办讫章 (2)

附图 1-8　电子缴税凭证（二）

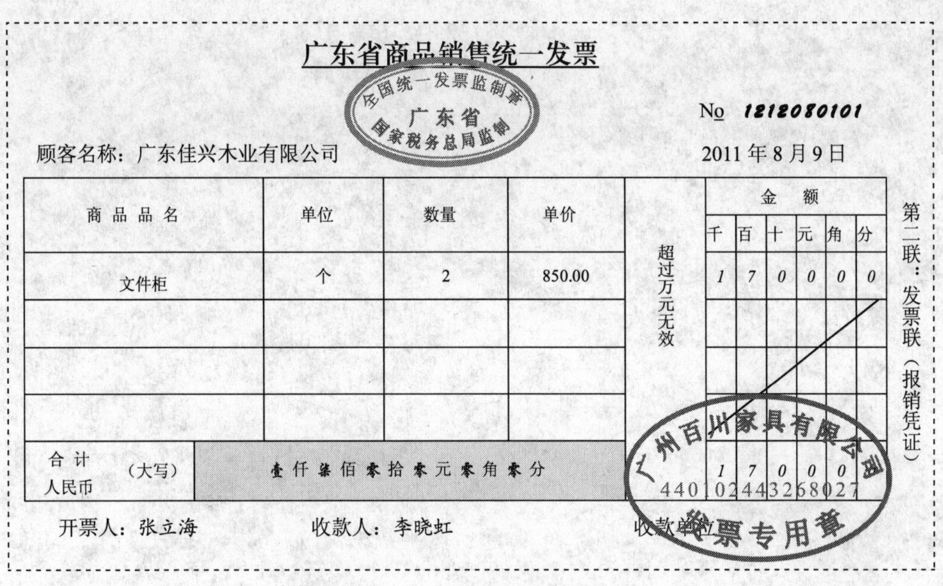

广东省商品销售统一发票

全国统一发票监制章 广东省 国家税务总局监制

No 1212080101

顾客名称：广东佳兴木业有限公司　　　　2011 年 8 月 9 日

商品品名	单位	数量	单价		金额 千	百	十	元	角	分
文件柜	个	2	850.00	超过万元无效	1	7	0	0	0	0
合计人民币（大写）	壹仟柒佰零拾零元零角零分				1	7	0	0	0	0

第二联：发票联（报销凭证）

开票人：张立海　　收款人：李晓虹　　收款单位（盖章）

广州百川家具有限公司 440102443268027 发票专用章

附图 1-9　普通发票

中国建设银行支票存根（粤）

GS 07384003

附加信息

出票日期　　年　月　日

收款人：

金　额：

用　途：

单位主管　　会计

本支票付款期限十天

中国建设银行支票（粤）　　GS 07384003

出票日期（大写）　　年　　月　　日　　付款行名称：

收款人：　　出票人账号：

人民币（大写）	千	百	十	万	千	百	十	元	角	分

用途

上列款项请从我账户内支付

出票人签章　　广东佳兴木业有限公司财务专用章　　李佳胜

复核　　记账

附图 1-10　支票

低值易耗品入库单（财会联）

2011 年 8 月 9 日　　　　NO：12101

名称及规格	单　位	实收数量	单　价	金额（元）
文件柜	个	2	850.00	1 700.00

仓库主管：陈德明　　验收：李怡华　　收料：朱永材

附图 1-11　低值易耗品入库单

广东省增值税专用发票

4408241741　　　　　　　　　　　　　　　　　　　№ 421061201

发　票　联

开票日期：2011 年 8 月 12 日

购货单位	名　　称：广东佳兴木业有限公司 纳税人识别号：440103256268024 地址 、 电话：番禺区东环路 120 号，56327581 开户行及账号：建行东环支行、11682674052					密码区	（略）
货物或应税劳务名称	规格型号	单　位	数　量	单　价	金　额	税　率	税　额
木条		根	2 000	16.00	32 000.00	17%	5 440.00
木板		块	1 000	65.00	65 000.00	17%	1 1050.00
合　　计					¥97 000.00		¥16 490.00
价税合计（大写）	⊗壹拾壹万叁仟肆佰玖拾元整　　（小 写）¥113 490.00						
销货单位	名　　称：广东利源木材工业公司 纳税人识别号：440806835268026 地址 、 电话：梅州市梅江路 6 号，8835542 开户行及账号：中行梅江支行、18722683058					备注	广东利源木材工业公司 440806835268026 发票专用章

收款人：张泽林　　　复核：李立华　　　开票人：陈红娜　　　销货单位：（章）

第二联：发票联　购货方记账凭证

附图 1-12　增值税专用发票

收　料　单

2011 年 8 月 12 日　　　　　　收字第 01001 号

材料名称	规格型号	单　位	应收数量	实收数量	金额（元）
木条		根	2 000	2 000	32 000.00
木板		块	1 000	1 000	65 000.00

仓库主管：陈德明　　　　验收：李怡华　　　　收料：朱永材

附图 1-13　收料单

广东省增值税专用发票

4601041141　　　　　　　　　　　　　　　　　　№ 201107101

此联不作报销、扣税凭证使用

开票日期：2011 年 08 月 12 日

购货单位	名　　称：佛山海纳家具有限公司 纳税人识别号：440306208235036 地址 、 电话：顺德区河滨南路 9 号，67697282 开户行及账号：中行河滨支行、13657443031						密码区	（略）
货物或应税劳务名称	规格型号	单位	数量	单价	金额	税率	税额	
办公桌		张	80	380.00	30 400.00	17%	5 168.00	
沙发		套	60	640.00	38 400.00	17%	6 528.00	
合　计					¥68 800.00		¥11 696.00	
价税合计（大写）	⊗捌万零肆佰玖拾陆元整				（小写）¥80496.00			
销货单位	名　　称：广东佳兴木业有限公司 纳税人识别号：440103256268024 地址 、 电话：番禺区东环路 120 号，56327581 开户行及账号：建行东环支行、11682674052						备注	广东佳兴木业有限公司 440103256268024 发票专用章

收款人：谢丽华　　复核：杨东梅　　开票人：王耀林　　销货单位：（章）

第三联：记账联　销货方记账凭证

附图 1-14　增值税专用发票记账联

托收凭证（收账通知）　4

付款期限 2011 年 8 月 15

委托日期：2011 年 08 月 12 日

业务类型	委托收款（☐邮划、☐电划）				托收承付（☐邮划、☑电划）			
付款人	全　称	佛山海纳家具有限公司		收款人	全　称	广东佳兴木业有限公司		
	账　号	13657443031			账　号	11682674052		
	地　址	广东省 佛山 市县	开户行 河滨支行		地　址	广东省 广州 市县	开户行 建行东环支行	
金额	人民币（大写）	捌万零肆佰玖拾陆元整			亿 千 百 十 万 千 百 十 元 角 分	¥ 8 0 4 9 6 0 0		
款项内容	销货款	托收凭据名称	发票、承运单		附寄单证张数	3		
商品发运情况		已发运			合同名称号码	TH00002		
备注： 复核　　记账		款项收妥日期： 2011 年 8 月 12 日			中国建设银行股份有限公司 广州东环支行 2011.08.12 办讫章 (4) 收款人开户银行签章			

此联作收款人开户银行给收款人的收账通知

附图 1-15　托收承付收账通知

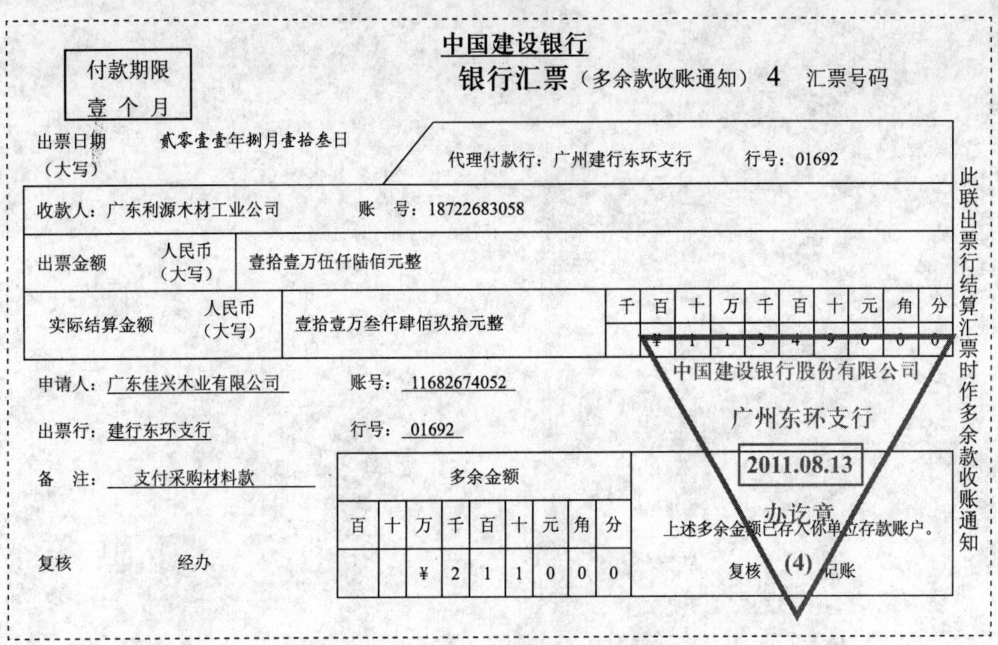

中国建设银行

银行汇票（多余款收账通知） 4 汇票号码

付款期限 壹 个 月

出票日期（大写） 贰零壹壹年捌月壹拾叁日

代理付款行：广州建行东环支行 行号：01692

收款人：广东利源木材工业公司		账 号：18722683058										
出票金额	人民币（大写）	壹拾壹万伍仟陆佰元整										
实际结算金额	人民币（大写）	壹拾壹万叁仟肆佰玖拾元整	千	百	十	万	千	百	十	元	角	分
				¥	1	1	3	4	9	0	0	0

申请人：广东佳兴木业有限公司 账号：11682674052

出票行：建行东环支行 行号：01692

备 注：支付采购材料款

复核 经办

多余金额								
百	十	万	千	百	十	元	角	分
		¥	2	1	1	0	0	0

上述多余金额已存入你单位存款账户。

复核 记账

中国建设银行股份有限公司 广州东环支行 2011.08.13 办讫章 (4)

此联出票行结算汇票时作多余款收账通知

附图 1-16 银行汇票多余款收账通知

差旅费报销单

2011 年 8 月 14 日　　附原始单据 9 张

出差人	张志峰	出差事由	出差采购材料	
项 目	单据张数	金额（元）	出差补贴（元）	
火车票、汽车票	2	600.00	出差地点	
飞机票、轮船票			出差时间	
市内交通费	6	18.00	出差天数	
食宿费	1	1 162.00	补贴标准	
其他			补贴金额	
小计		¥1 780.00	小 计	
合计	人民币壹仟柒佰捌拾元整		¥1 780.00	
单位领导审批：同意 李佳胜		部门主管审批：同意 郑景成		

会计主管：范永建　　复核：杨东梅　　出纳：谢丽华　　领款人：张志峰

附图 1-17 差旅费报销单

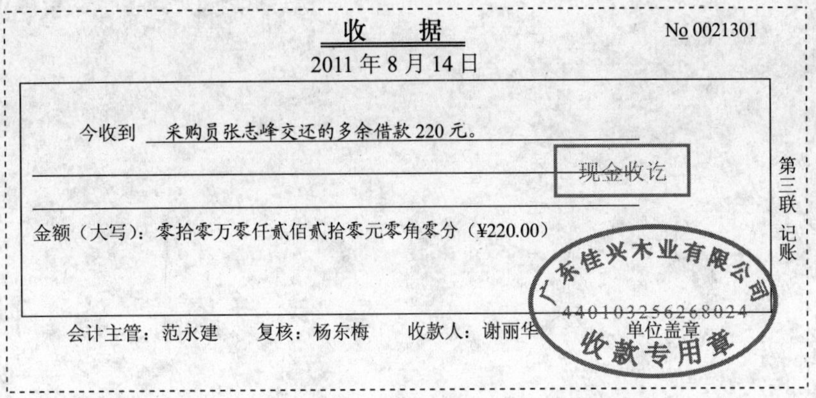

收　据　　No 0021301

2011 年 8 月 14 日

今收到　采购员张志峰交还的多余借款 220 元。

现金收讫

金额（大写）：零拾零万零仟贰佰贰拾零元零角零分（¥220.00）

第三联　记账

广东佳兴木业有限公司 440103256268024 收款专用章

会计主管：范永建　　复核：杨东梅　　收款人：谢丽华　　单位盖章

图 1-18　收款收据

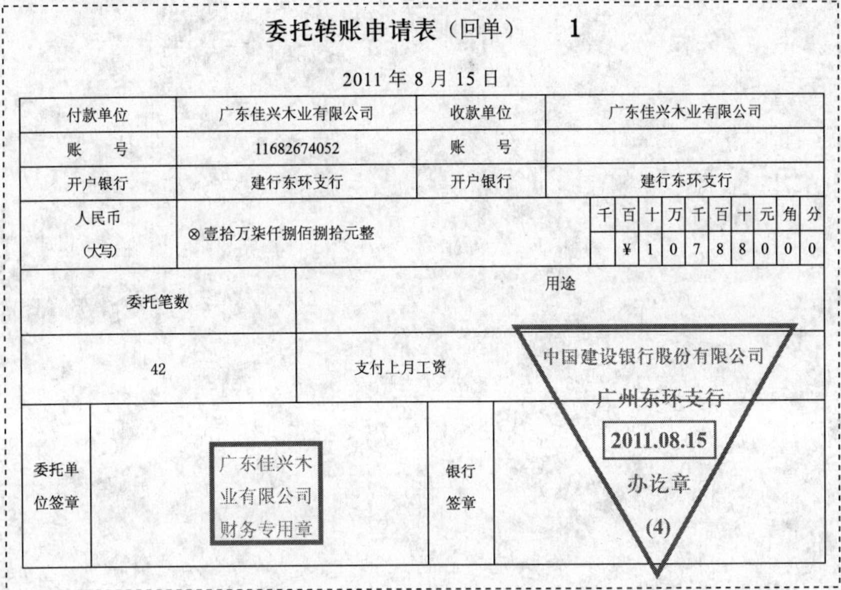

委托转账申请表（回单）　　1

2011 年 8 月 15 日

付款单位	广东佳兴木业有限公司	收款单位	广东佳兴木业有限公司
账号	11682674052	账号	
开户银行	建行东环支行	开户银行	建行东环支行
人民币（大写）	⊗壹拾万柒仟捌佰捌拾元整	千百十万千百十元角分	¥ 1 0 7 8 8 0 0 0
委托笔数		用途	
42		支付上月工资	
委托单位签章	广东佳兴木业有限公司财务专用章	银行签章	中国建设银行股份有限公司 广州东环支行 2011.08.15 办讫章 (4)

附图 1-19　委托转账申请表

工资清单

2011 年 7 月 31 日　　单位：元

序号	姓名	账号	基本工资	奖金	津贴补贴	应付工资	代扣款	实发工资
1	李佳胜	162301	2 080	500	200	2 780	212	2 568
2	郑景成	162302	1 970	400	150	2 520	171	2 349
3	范永建	162303	1 950	380	140	2 470	164	2 306
…	…	…	…	…	…	…	…	…
…	…	…	…	…	…	…	…	…
合计	—	—	…	…	…	…	…	107 880

单位负责人：李佳胜　　会计主管：范永建　　会计：杨东梅　　制表：谢丽华

附图 1-20　工资清单

中国建设银行支票存根（粤）

GS 07384004

附加信息

出票日期　2011 年 08 月 15 日

收款人：广东佳兴木业公司

金　额：¥107 880.00

用　途：支付工资

单位主管 李佳胜　　会计 杨东梅

附图 1-21　支票存根

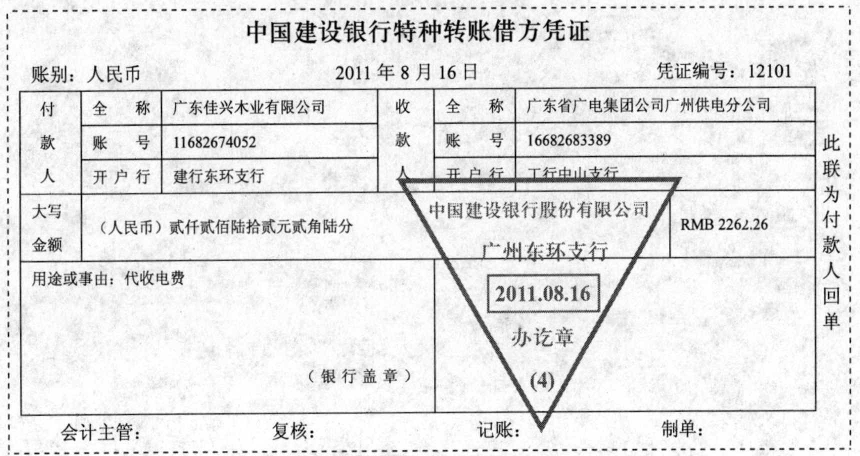

中国建设银行特种转账借方凭证

账别：人民币　　2011 年 8 月 16 日　　凭证编号：12101

付款人	全　称	广东佳兴木业有限公司	收款人	全　称	广东省广电集团公司广州供电分公司
	账　号	11682674052		账　号	16682683389
	开户行	建行东环支行		开户行	工行中山支行
大写金额	（人民币）贰仟贰佰陆拾贰元贰角陆分				RMB 2262.26
用途或事由：代收电费 （银行盖章）			中国建设银行股份有限公司 广州东环支行 2011.08.16 办讫章 (4)		

此联为付款人回单

会计主管：　　复核：　　记账：　　制单：

附图 1-22　特种转账借方凭证

广东省广电集团有限公司广州供电分公司电力收费发票　0100314B30

国税

发票联（广东省广州市 国家税务局监制）

天广供电 01—**6108332**

计费时段：2011.07.01—2011..07..31　抄表日期：2011 年 7 月 31 日　派单日期：2011 年 8 月 15 日

邮编：510095　工代号 02000727 947						用户编号 02684610（查询时请提供）		备　注
地址：番禺区东环路 120 号						电表号 02SI60604		
户名：广东佳兴木业有限公司						用电性质：工业		
						缴费方式对公定期借记		
本月读数	55 263	上月读数	52 777	电表倍率	1	用电量	2 486	
水泵	0	电梯	0	灯	0	其他		
子表电量		加减电量	0	变线损电量	0	总计费电量	2 486	
单价	0.91	加减电量	0.00	电费违约金	0.00	电费合计	¥2 262.26	
电费合计（大写）贰仟贰佰陆拾贰元贰角陆分						（超过仟万元无效）		

广东省广电集团有限公司广州供电分公司 440106734916755 发票专用章

收费单位：　　收费：梁智华　　开票：周瑞琼　　复核：何瑞明

附图 1-23　电费发票

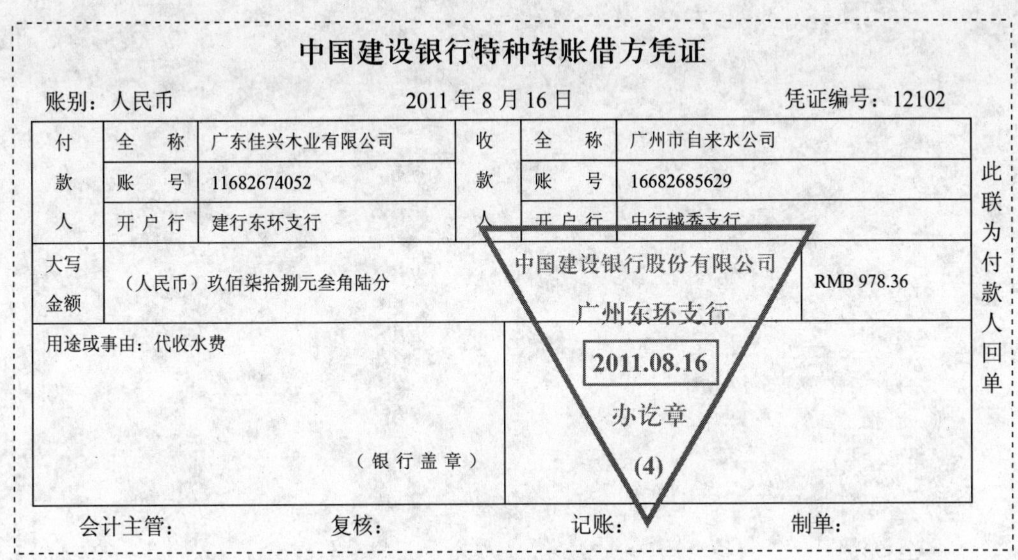

中国建设银行特种转账借方凭证

账别：人民币　　2011 年 8 月 16 日　　凭证编号：12102

付款人	全　称	广东佳兴木业有限公司	收款人	全　称	广州市自来水公司
	账　号	11682674052		账　号	16682685629
	开户行	建行东环支行		开户行	中行越秀支行
大写金额	（人民币）玖佰柒拾捌元叁角陆分				RMB 978.36
用途或事由：代收水费			中国建设银行股份有限公司 广州东环支行 2011.08.16 办讫章 (4)（银行盖章）		

会计主管：　复核：　记账：　制单：

此联为付款人回单

附图 1-24　特种转账借方凭证

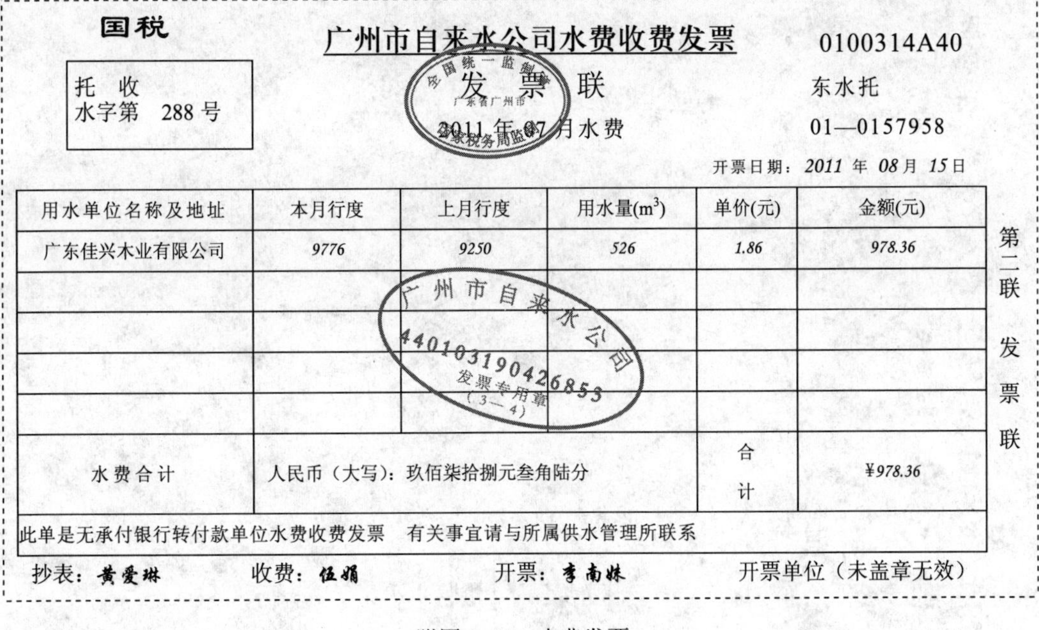

国税

广州市自来水公司水费收费发票　　0100314A40

托　收 水字第　288 号

发　票　联　　东水托

2011 年 07 月水费　　01—0157958

开票日期：2011 年 08 月 15 日

用水单位名称及地址	本月行度	上月行度	用水量(m^3)	单价(元)	金额(元)
广东佳兴木业有限公司	9776	9250	526	1.86	978.36
水费合计	人民币（大写）：玖佰柒拾捌元叁角陆分			合计	¥978.36

此单是无承付银行转付款单位水费收费发票　有关事宜请与所属供水管理所联系

抄表：黄爱琳　　收费：伍娟　　开票：李南妹　　开票单位（未盖章无效）

第二联　发票联

印章：全国统一监制章 广东省广州市 国家税务局监制；广州市自来水公司 440103190426853 发票专用章 (3—4)

附图 1-25　水费发票

广东省商品销售统一发票

No 1212086102

顾客名称：广东佳兴木业有限公司　　　　2011 年 8 月 19 日

商品品名	单位	数量	单价	超过万元无效	千	百	十	元	角	分
办公用品						4	7	2	0	0
		现金付讫								
合计人民币（大写）	零仟肆佰柒拾贰元零角零分				¥	4	7	2	0	0

第二联：发票联（报销凭证）

440107443246024

开票人：周联新　　收款人：黄丽虹　　收款单位：

附图 1-26　普通发票

广东省汽油销售统一发票

No 1272056101

顾客名称：广东佳兴木业有限公司　　　　2011 年 8 月 27 日

商品品名	单位	数量	单价	超过万元无效	千	百	十	元	角	分
汽油	升	48	8.10			3	8	8	8	0
合计人民币（大写）	零仟叁佰捌拾捌元捌角零分				¥	3	8	8	8	0

第二联：发票联（报销凭证）

440102483246564

开票人：郑立成　　收款人：陈耀杰　　收款单位：

附图 1-27　普通发票

费用报销单

2011 年 8 月 28 日

报销部门	管理部门	报销人	李明杰
费用项目	单据张数	金额（元）	备注
汽油费	1	388.80	
			现金付讫
合计		¥388.80	
金额（大写）　人民币叁佰捌拾捌元捌角整			
单位领导审批：同意 李佳胜		部门主管审批：同意 郑景成	

会计主管：范永建　　复核：杨东梅　　出纳：谢丽华　　领款人：李明杰

附图 1-28　费用报销单

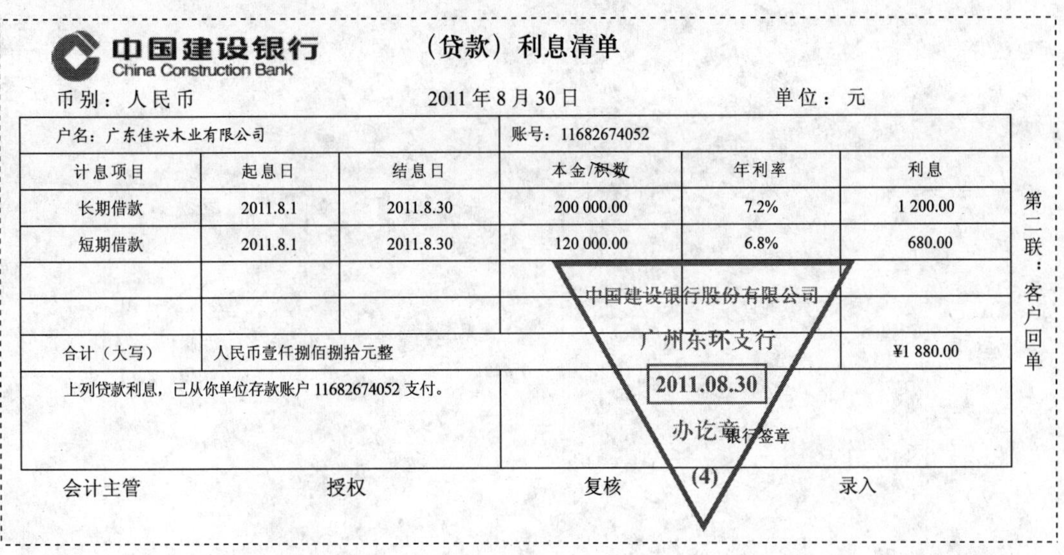

中国建设银行 China Construction Bank

（贷款）利息清单

币别：人民币　　2011 年 8 月 30 日　　单位：元

户名：广东佳兴木业有限公司			账号：11682674052		
计息项目	起息日	结息日	本金/积数	年利率	利息
长期借款	2011.8.1	2011.8.30	200 000.00	7.2%	1 200.00
短期借款	2011.8.1	2011.8.30	120 000.00	6.8%	680.00
合计（大写）	人民币壹仟捌佰捌拾元整				¥1 880.00
上列贷款利息，已从你单位存款账户 11682674052 支付。			银行签章		

会计主管　　授权　　复核　　录入

第二联：客户回单

附图 1-29　利息清单

现金清查报告单

2011年8月31日

现金清点结果					
货币面值	张数	金额（元）	货币面值	张数	金额（元）
100元	20	2 000.00	5角	20	10.00
50元	6	300.00	2角	25	5.00
20元	25	500.00	1角	0	0
10元	10	100.00	5分	0	0
5元	8	40.00	2分	0	0
2元	5	10.00	1分	0	0
1元	5	5.00	——		
现金清点合计	¥2 970.00		现金长款	——	
现金账面余额	¥2 997.00		现金短款	¥27.00	
备注	原因待查				

负责人：　　会计主管：范永建　　出纳：谢丽华　　清点人员：杨东梅

附图1-30　现金清查报告单

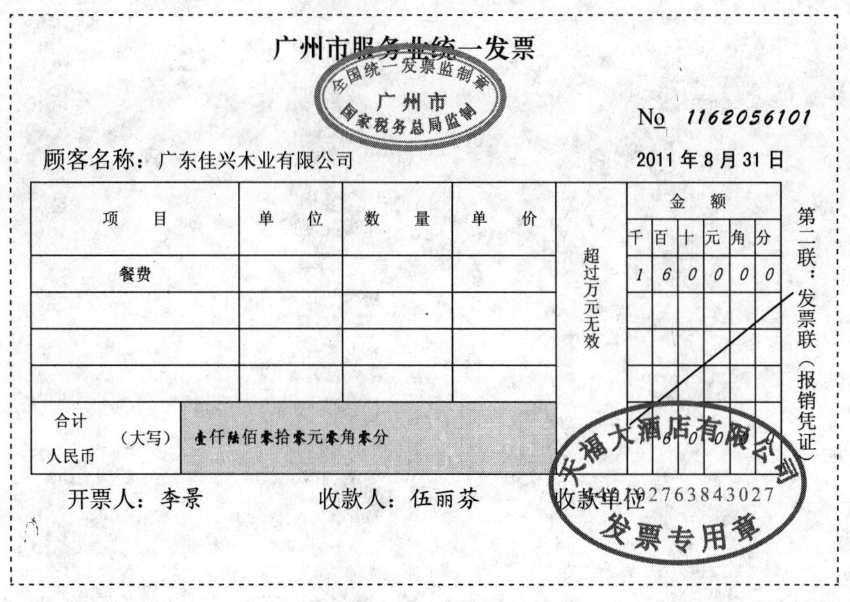

广州市服务业统一发票

全国统一发票监制章 广州市 国家税务总局监制

No 1162056101

顾客名称：广东佳兴木业有限公司　　2011年8月31日

项　目	单　位	数　量	单　价	超过万元无效	金额 千	百	十	元	角	分
餐费					1	6	0	0	0	0
合计人民币（大写）	壹仟陆佰零拾零元零角零分									

第二联：发票联（报销凭证）

开票人：李景　　收款人：伍丽芬　　收款单位

天福大酒店有限公司 44102763843027 发票专用章

附图1-31　普通发票

中国建设银行支票存根（粤）	中国建设银行支票（粤） GS 07384005
GS 07384005	出票日期（大写） 年 月 日 付款行名称：
附加信息	收款人： 出票人账号：
	本支票付款期限十天 人民币（大写） 千 百 十 万 千 百 十 元 角 分
出票日期 年 月 日	
收款人：	用途
金 额：	上列款项请从我账户内支付 出票人签章 广东佳兴木业有限公司财务专用章 李佳胜
用 途：	
单位主管 会计	复核 记账

附图 1-32 支票

现金盘亏处理报告单

2011 年 8 月 31 日

盘亏金额（元）	盘亏原因	处理方法
27.00	短缺款属于出纳员责任。	由出纳员谢丽华赔偿。
单位领导意见： 同意 李佳胜	财会部意见： 同意 范永建	董事会或主管部门意见： 同意 （广东佳兴木业有限公司）

附图 1-33 现金盘亏处理报告单

收 据 No 0021302

2011 年 8 月 31 日

今收到 出纳员谢丽华交来的现金短款赔偿款。 现金收讫

金额（大写）：零拾零万零仟零佰贰拾柒元零角零分（¥27.00）

会计主管：范永建 复核：杨东梅 收款人：谢丽华 单位盖章

（广东佳兴木业有限公司 440…268024 收款专用章）

第三联 记账

附图 1-34 收款收据

中国建设银行对账单

存款单位：佳兴木业公司　　账号：11682674052　　2011 年 08 月 31 日

交易日期	摘　　要	借　方	贷　方	借或贷	余额（元）
8.1	期初余额			贷	516 834
8.2	提取现金	5 000		贷	511 834
8.3	收到货款		44 460	贷	556 294
8.5	支付材料款	94 770		贷	461 524
8.6	申请签发银行汇票	115 600		贷	345 924
8.7	上缴税费	52 580		贷	293 344
8.9	购买文件柜	1 700		贷	291 644
8.12	收到货款		80 496	贷	372 140
8.13	退回汇票多余款		2 110	贷	374 250
8.15	支付工资	107 880		贷	266 370
8.16	支付水电费	3 240.62		贷	263 129.38
8.30	支付借款利息	1 880		贷	261 249.38
8.30	收到货款		105 300	贷	366 549.38
8.31	支付材料款	18 720		贷	347 829.38
8.31	本月合计	401 370.62	232 366	贷	347 829.38

附图 1-35　银行对账单

未达账项列表

2011 年 8 月 31 日

企业未达账项				银行未达账项			
日期	摘要	未收（元）	未付（元）	日期	摘要	未收（元）	未付（元）
合　计				合　计			

会计主管：范永建　　复核：杨东梅　　清查：梁芳

附图 1-36　未达账项列表单

银行存款余额调节表

2011 年 8 月 31 日

项　　目	金额（元）	项　　目	金额（元）
银行存款日记账余额		银行对账单余额	
加：银行已收，企业未收		加：企业已收，银行未收	
减：银行已付，企业未付		减：企业已付，银行未付	
调节后余额		调节后余额	

会计主管：范永建　　复核：杨东梅　　清查：梁芳

附图 1-37　银行存款余额调节表单

投资协议书

投出单位：深圳益林投资有限公司

投入单位：广东佳兴木业有限公司

深圳益林投资有限公司以 460000 元货币资金投入广东佳兴木业有限公司，占佳兴公司增资扩股后的注册资本 1500000 元中 20%的份额。

深圳益林投资有限公司　　广东佳兴木业有限公司

2011 年 9 月 2 日

附图 2-1　投资协议书

收　据　　№ 0021401

2011 年 9 月 2 日

今收到　深圳益林投资有限公司交来支票一张，作为资本金投入。

金额（大写）：肆拾陆万零仟零佰零拾零元零角零分（¥460000.00）

第三联　记账

会计主管：范永建　复核：杨东梅　收款人：谢丽华　单位盖章

附图 2-2　收款收据

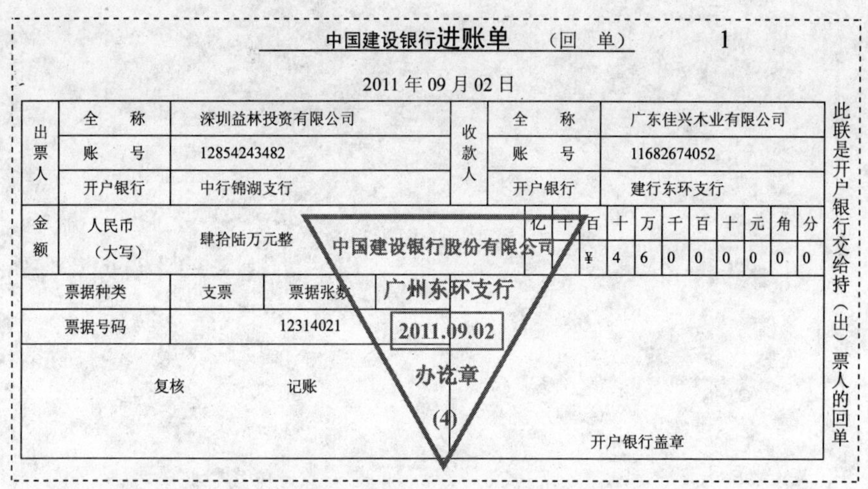

中国建设银行进账单（回 单） 1

2011年09月02日

出票人	全　称	深圳益林投资有限公司	收款人	全　称	广东佳兴木业有限公司
	账　号	12854243482		账　号	11682674052
	开户银行	中行锦湖支行		开户银行	建行东环支行
金额	人民币（大写）	肆拾陆万元整		亿千百十万千百十元角分	¥460000000
票据种类	支票	票据张数			
票据号码	12314021				
复核	记账				开户银行盖章

此联是开户银行交给持（出）票人的回单

附图 2-3　银行进账单

投资协议书

投出单位：广东佳和实业有限公司

投入单位：广东佳兴木业有限公司

广东佳和实业有限公司以一台锯木机作为资本金投入广东佳兴木业有限公司，双方协议确定价值为374400元，占佳兴公司增资扩股后的注册资本1500000元中15%的份额。

广东佳和实业有限公司　　　　广东佳兴木业有限公司

2011年9月5日

附图 2-4　投资协议书

广东省增值税专用发票

4401281294　　发票联　　№ 291363001

开票日期：2011年9月5日

购货单位	名　　称：广东佳兴木业有限公司 纳税人识别号：440103256268024 地址、电话：番禺区东环路120号，56327581 开户行及账号：建行东环支行、11682674052				密码区	（略）	
货物或应税劳务名称	规格型号	单位	数量	单价	金额	税率	税额
锯木机		台	1	320000.0	320000.00	17%	54400.00
合　计					¥320000.00		¥54400.00
价税合计（大写）	⊗叁拾柒万肆仟肆佰元整				（小写）¥374400.00		
销货单位	名　　称：广东佳和实业有限公司 纳税人识别号：440103592168026 地址、电话：番禺区西环路65号，53637527 开户行及账号：建行西环支行、11634813054				备注		

收款人：陈益彬　　复核：张晓芳　　开票人：欧佳娜　　销货单位：（章）

第二联：发票联　购货方记账凭证

附图 2-5　增值税专用发票

固定资产验收单

验收日期 2011 年 9 月 5 日　　　　　　　　编号：00201

固定资产管理部门	项目名称	锯木机	电 动 机			
	型　　号		总 功 率			
	规　　格		出厂编号		出厂日期	2011.9.1
	制 造 厂	佳和实业公司	自 重 量		始用日期	2011.9.5
	尺　　寸		使用部门	家具车间	施工工号	
	随　机　附　件					
	名称	型号规格	数量	名称	型号规格	数量
	说明书		装箱单		图纸	
	合格证		精度单		资料验收人	
	设备类别			使用年限		
	精度等级			分类划级		
财务部门	设备费用	320000 元		安装及其他费		
	原值合计	320000 元		资产来源	投资者投入	
验收意见	验收合格 验收人：李怡华					
部门签名	使用部门	周利元	固定资产管理部门	陈德明	财务部门	范永建

附图 2-6　固定资产验收单

投资协议书

投出单位：广东滨江建材有限公司

投入单位：广东佳兴木业有限公司

广东滨江建材有限公司以木料一批作为资本金投入广东佳兴木业有限公司，双方协议确定价值为 303030 元，占佳兴公司增资扩股后的注册资本 1500000 元中 12%的份额。

广东滨江建材有限公司

广东佳兴木业有限公司

2011 年 9 月 6 日

附图 2-7　投资协议书

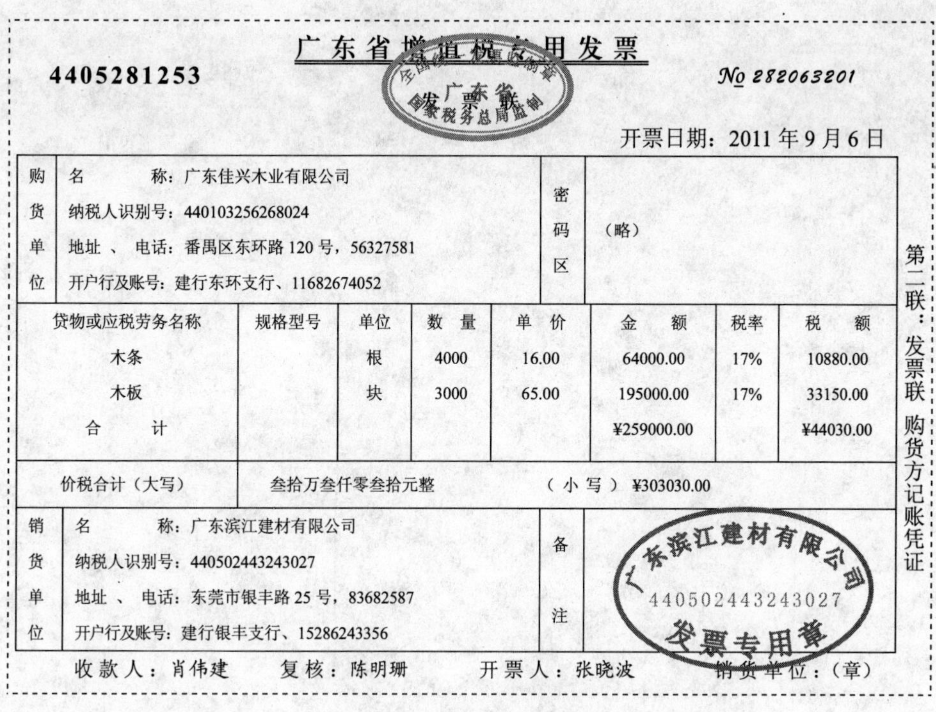

广东省增值税专用发票

4405281253　　　发票联　　　№ 282063201

开票日期：2011年9月6日

购货单位	名称：广东佳兴木业有限公司 纳税人识别号：440103256268024 地址、电话：番禺区东环路120号，56327581 开户行及账号：建行东环支行、11682674052	密码区	（略）

货物或应税劳务名称	规格型号	单位	数量	单价	金额	税率	税额
木条		根	4000	16.00	64000.00	17%	10880.00
木板		块	3000	65.00	195000.00	17%	33150.00
合计					¥259000.00		¥44030.00
价税合计（大写）	叁拾万叁仟零叁拾元整				（小写）¥303030.00		

销货单位	名称：广东滨江建材有限公司 纳税人识别号：440502443243027 地址、电话：东莞市银丰路25号，83682587 开户行及账号：建行银丰支行、15286243356	备注	广东滨江建材有限公司 440502443243027 发票专用章

收款人：肖伟建　　复核：陈明珊　　开票人：张晓波　　销货单位：（章）

第二联：发票联　购货方记账凭证

附图 2-8　增值税专用发票

收　料　单

2011年9月6日　　　收字第0201号

材料名称	规格型号	单位	应收数量	实收数量	金额（元）
木条		根	4000	4000	64000.00
木板		块	3000	3000	195000.00

仓库主管：陈德明　　复核：　　验收：李怡华　　收料：朱永材　　制单：朱永材

附图 2-9　收料单

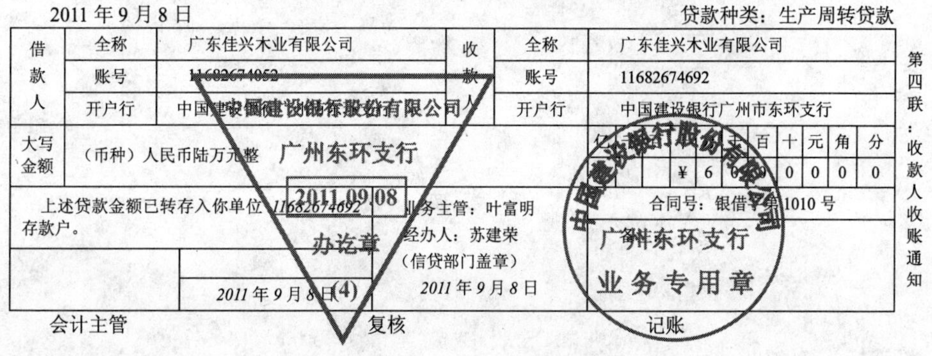

中国建设银行贷款转存凭证（借款借据）

2011年9月8日　　　贷款种类：生产周转贷款

借款人	全称	广东佳兴木业有限公司	收款人	全称	广东佳兴木业有限公司
	账号	11682674052		账号	11682674692
	开户行	中国建设银行股份有限公司		开户行	中国建设银行广州市东环支行
大写金额	（币种）人民币陆万元整			亿千百十万千百十元角分	¥ 6 0 0 0 0 0 0

上述贷款金额已转存入你单位 11682674692 存款户。

业务主管：叶富明　经办人：苏建荣　（信贷部门盖章）

合同号：银借字第1010号

中国建设银行股份有限公司 广州东环支行 2011.09.08 办讫章 (4)

中国建设银行股份有限公司 广州东环支行 业务专用章

2011年9月8日　　2011年9月8日

会计主管　　复核　　记账

第四联：收款人收账通知

附图 2-10　借款转存凭证

委托买入交割单

买卖类别：买入　成交日期：2011.9.15
股东代码：02845865　股东姓名：佳兴木业公司
证券代码：002441　合同号码：0024392
证券名称：众业达　委托时间：13:25:20
成交号码：00325123　成交时间：13:36:23
成交价格：21.46　上次余额：0股
成交股数：5000　本次余额：5000股
成交金额：107300.00　手续费：62.00
过户费：100.00　印花税：0.00
其他收费：0.00　收付金额：107462.00

附图 2-11　委托买入交割单

中国建设银行 China Construction Bank（存款）利息清单

币别：人民币　2011年9月18日　单位：元

户名：广东佳兴木业有限公司			账号：11682674052		
计息项目	起息日	结息日	本金/积数	年利率	利息
存款	2011.8.1	2011.8.31	510 000.00	4.5%	1 912.50
合计（大写）	人民币壹仟玖佰壹拾贰元伍角整				¥1 912.50
上列存款利息，已存入你单位存款账户 11682674052。			银行签章		

会计主管　授权　复核　录入

第二联：客户回单

附图 2-12　存款利息清单

委托买入交割单

买卖类别：买入　成交日期：2011.9.15
股东代码：02845865　股东姓名：佳兴木业公司
证券代码：002393　合同号码：0024462
证券名称：力生制药　委托时间：14:25:20
成交号码：00325123　成交时间：14:36:23
成交价格：46.80　上次余额：0股
成交股数：2 000　本次余额：2000股
成交金额：93 600.00　手续费：24.00
过户费：100.00　印花税：0.00
其他收费：0.00　收付金额：93 724.00

附图 2-13　委托买入交割单

力生制药2011年中期分红派息实施公告

力生制药（002393）2011年中期权益分派方案为：每10股派5元人民币现金。

股权登记日：2011年9月25日，除息日：2011年9月26日。

本公司此次委托中国结算深圳分公司代派的股息将于2011年9月26日通过股东托管证券公司（或其他托管机构）直接划入其资金账户。

力生制药股份有限公司

2011年9月18日

附图2-14 分红派息实施公告

应收股利计算表

2011年9月20日　　　　单位：元

项　目	股份数	股利分配率	应分得股利
应收股利	2000	0.5	1000
合　计	2000	0.5	¥1000.00

会计主管：范永建　会计：杨东梅　制表：梁芳

附图2-15 应收股利计算表

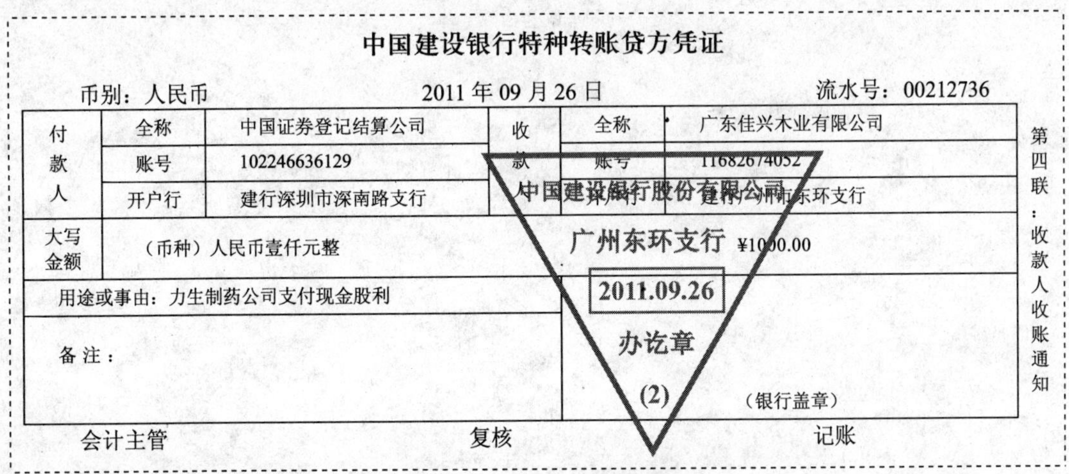

中国建设银行特种转账贷方凭证

币别：人民币　　2011年09月26日　　流水号：00212736

付款人	全称	中国证券登记结算公司	收款人	全称	广东佳兴木业有限公司
	账号	102246636129		账号	11682674052
	开户行	建行深圳市深南路支行		开户行	建行广州市东环支行
大写金额	（币种）人民币壹仟元整				¥1000.00
用途或事由：力生制药公司支付现金股利					
备注：					（银行盖章）

会计主管　　复核　　记账

第四联：收款人收账通知

中国建设银行股份有限公司 广州东环支行 2011.09.26 办讫章 (2)

附图2-16 特种转账贷方凭证

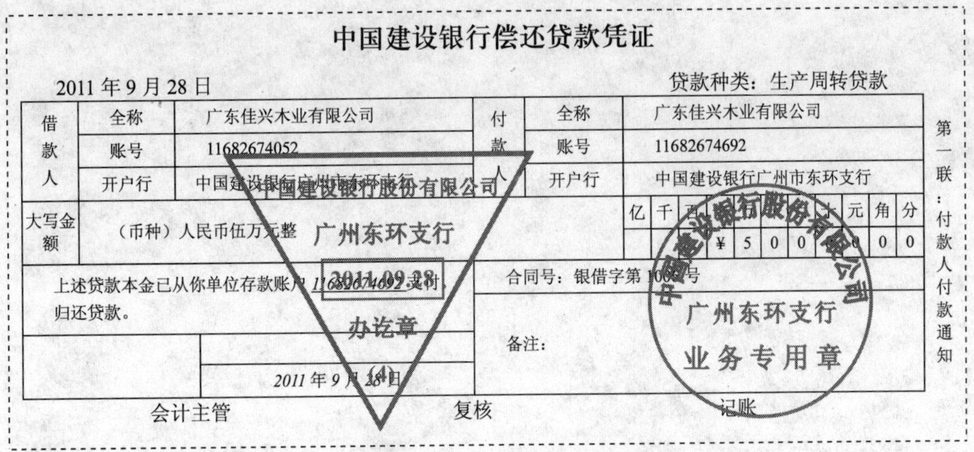

中国建设银行偿还贷款凭证

2011 年 9 月 28 日　　　　　　　　　　　　　　　　贷款种类：生产周转贷款

借款人	全称	广东佳兴木业有限公司	付款人	全称	广东佳兴木业有限公司
	账号	11682674052		账号	11682674692
	开户行	中国建设银行广州市东环支行		开户行	中国建设银行广州市东环支行
大写金额	（币种）人民币伍万元整		亿千百十万千百十元角分	¥ 5 0 0 0 0 0 0	
上述贷款本金已从你单位存款账户 11682674692 支付归还贷款。			合同号：银借字第 1006 号		
	2011 年 9 月 28 日		备注：		

会计主管　　　　复核　　　　记账

第一联：付款人付款通知

中国建设银行股份有限公司 广州东环支行 2011.09.28 办讫章 (4)

中国建设银行股份有限公司 广州东环支行 业务专用章

附图 2-17　偿还贷款凭证

委托卖出交割单

买卖类别：	卖出	成交日期：	2011.9.29
股东代码：	02845865	股东姓名：	佳兴木业公司
证券代码：	000636	合同号码：	0024862
证券名称：	风华高科	委托时间：	13:35:20
成交号码：	00325343	成交时间：	13:46:23
成交价格：	16.48	本次成交：	5000 股
成交股数：	5000	本次余额：	0 股
成交金额：	82400.00	手续费：	18.00
过户费：	100.00	印花税：	0.00
其他收费：	0.00	收付金额：	82282.00

广发证券股份有限公司 广州番禺营业部 2011.09.29 结算章

附图 2-18　委托卖出交割单

利息计提单

2011 年 9 月 30 日　　　　　　　　　　单 位： 元

计息项目	起息日	结息日	本金/积数	年利率	利息
短期借款	2011.9.1	2011.9.30	151 600	4.2%	503.60
长期借款	2011.9.1	2011.9.30	2 320 000	6.0%	11 600.00
合计（大写）	人民币壹万贰仟壹佰叁拾元陆角整				¥12 130.60

会计主管：范永建　　会计：杨东梅　　制单：梁芳

附图 2-19　利息计提单

公允价值变动损益计算表

2011 年 9 月 30 日　　单位：元

证券名称	成本	购买数量（股）	每股市价	公允价值变动损益
众业达				

会计主管：范永建　会计：杨东梅　制单：梁芳

附图 2-20　公允价值变动损益计算表（一）

公允价值变动损益计算表

2011 年 9 月 30 日　　单位：元

证券名称	成本	购买数量（股）	每股市价	公允价值变动损益
力生制药				

会计主管：范永建　会计：杨东梅　制单：梁芳

附图 2-21　公允价值变动损益计算表（二）

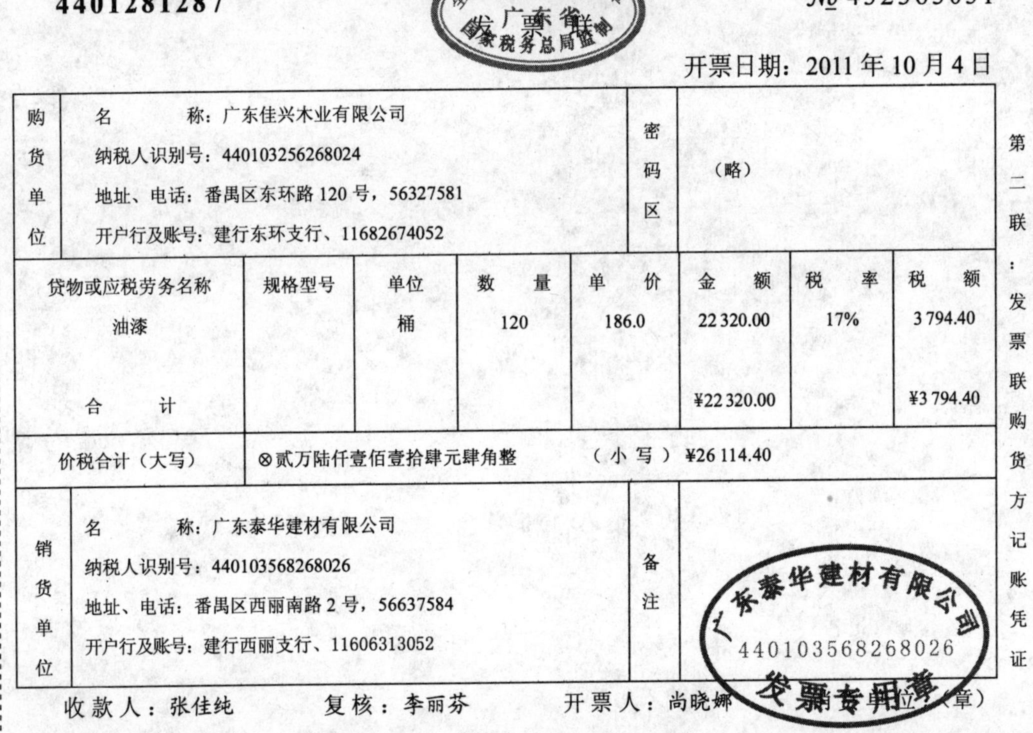

广东省增值税专用发票

4401281287　　　　№ 432363031

发　票　联

开票日期：2011 年 10 月 4 日

购货单位	名　　称：广东佳兴木业有限公司 纳税人识别号：440103256268024 地址、电话：番禺区东环路 120 号，56327581 开户行及账号：建行东环支行、11682674052	密码区	（略）

货物或应税劳务名称	规格型号	单位	数　量	单　价	金　额	税　率	税　额
油漆		桶	120	186.0	22 320.00	17%	3 794.40
合　　计					¥22 320.00		¥3 794.40
价税合计（大写）	⊗贰万陆仟壹佰壹拾肆元肆角整			（小写）¥26 114.40			

销货单位	名　　称：广东泰华建材有限公司 纳税人识别号：440103568268026 地址、电话：番禺区西丽南路 2 号，56637584 开户行及账号：建行西丽支行、11606313052	备注	广东泰华建材有限公司 440103568268026 发票专用章

第二联：发票联购货方记账凭证

收款人：张佳纯　　复核：李丽芬　　开票人：尚晓娜　　销货单位（章）

附图 3-1　增值税专用发票

公路、内河货物运输业统一发票

发票联

全国统一发票监制章 广东省 国家税务总局监制

开票日期：2011 年 10 月 04 日　　　　发票号码 142656301

机打代码 机打号码 机器编号		税控码	
收货人及纳税人识别码	广东佳兴木业有限公司 440103256268024	承运人及纳税人识别码	广东安通快递有限公司 440106208268039
发货人及纳税人识别码	广东泰华建材有限公司 440103568268026	主管税务机关及代码	
运输项目及金额	项目　货物　数量　单价　金额 运杂费　油漆　120 桶　3.00　360.00	其他项目及金额	无　　备注
运费小计	¥360.00	其他费用小计	0.00
合计（大写）	人民币叁佰陆拾元整		（小写）¥360.00

承运人盖章：　　　　开票人：郑佳诚

广东安通快递有限公司 440106208268039 发票专用章

第一联　发票联　付款方记账凭证

（注：承运费由广东泰华建材有限公司垫付）

附图 3-2　承运单

中国建设银行支票存根（粤）
GS 07384030
附加信息
出票日期　年　月　日
收款人：
金　额：
用　途：
单位主管　　会计

本支票付款期限十天

中国建设银行支票（粤）　　GS 07384030

出票日期（大写）　年　月　日　　付款行名称：
收款人：　　出票人账号：

人民币（大写）	千	百	十	万	千	百	十	元	角	分

用途
上列款项请从我账户内支付
出票人签章　广东佳兴木业有限公司财务专用章　　李佳胜

复核　　记账

附图 3-3　支票

收料单

2011 年 10 月 4 日　　收字第 01301 号

材料名称	规格型号	单位	应收数量	实收数量	金额（元）
油漆		桶	120	120	22 680.00

仓库主管：陈德明　　验收：李怡华　　收料：朱永材

附图 3-4　收料单

广东省增值税专用发票

4408241741 　　　　　　　　　　　　№ 421061301

发票联

开票日期：2011年10月06日

购货单位	名　　称：广东佳兴木业有限公司 纳税人识别号：440103256268024 地址、电话：番禺区东环路120号，56327581 开户行及账号：建行东环支行、11682674052				密码区	（略）		
货物或应税劳务名称	规格型号	单位	数　量	单　价	金　额	税　率	税　额	
木条		根	1 800	16.00	28 800.00	17%	4 896.00	
木板		块	800	65.00	52 000.00	17%	8 840.00	
合　计					¥80 800.00		¥13 736.00	
价税合计（大写）	⊗玖万肆仟伍佰叁拾陆元整				（小写）¥94 536.00			
销货单位	名　　称：广东利源木材工业公司 纳税人识别号：440806835268026 地址、电话：梅州市梅江路6号，8835542 开户行及账号：中行梅江支行、18722683058				备注	广东利源木材工业公司 440806835268026 发票专用章		

收款人：张泽林　　复核：李立华　　开票人：陈红娜　　销货单位（章）

第二联：发票联　购货方记账凭证

附图 3-5　增值税专用发票

电汇凭证（回单）　1　№ 006890301

第　　号　　　　委托日期　　　年　月　日

汇款人	全称			收款人	全称									
	账号或住址				账号或住址									
	汇出地点	汇出行名称			汇入地点	汇入行名称								
金额	人民币（大写）				千	百	十	万	千	百	十	元	角	分
汇款用途：														
上列款项已根据委托办理，如需查询，请持此回单来行面谈					（汇出行盖章）									

此联汇出行给汇款人的回单

附图 3-6　电汇回单

收 料 单

2011年10月8日　　　　收字第01302号

材料名称	规格型号	单位	应收数量	实收数量	金额（元）
木条		根	1 800	1 800	28 800.00
木板		块	800	800	52 000.00

仓库主管：陈德明　　　　验收：李怡华　　　　收料：朱永材

附图 3-7　收料单

领 料 单

用途：生产办公桌　　　　2011年10月10日　　　　领字第00231号

材料名称	规格型号	单位	请领数量	实发数量	金额（元）
木条		根	1 000	1 000	
木板		块	400	400	
油漆		桶	50	50	

仓库主管：陈德明　　　　复核：杨东梅　　　　发料：朱永材　　　　制单：梁芳

附图 3-8　领料单（一）

领 料 单

用途：生产沙发　　　　2011年10月10日　　　　领字第00232号

材料名称	规格型号	单位	请领数量	实发数量	金额（元）
木条		根	1 200	1 200	
木板		块	400	400	
油漆		桶	60	60	

仓库主管：陈德明　　　　复核：杨东梅　　　　发料：朱永材　　　　制单：梁芳

附图 3-9　领料单（二）

广东省增值税专用发票

发票联

4401281287　　　　№ 432363032

开票日期：2011 年 10 月 12 日

购货单位	名　　称：广东佳兴木业有限公司 纳税人识别号：440103256268024 地址、电话：番禺区东环路 120 号，56327581 开户行及账号：建行东环支行、11682674052	密码区	（略）				
货物或应税劳务名称	规格型号	单位	数量	单价	金额	税率	税额
油漆		桶	80	187.0	14 960.00	17%	2 543.20
合　　计					¥14 960.00		¥2 543.20
价税合计（大写）	⊗壹万柒仟伍佰零叁元贰角整				（小写）¥17 503.20		
销货单位	名　　称：广东泰华建材有限公司 纳税人识别号：440103568268026 地址、电话：番禺区西丽南路 2 号，56637584 开户行及账号：建行西丽支行、11606313052	备注	广东泰华建材有限公司 440103568268026 发票专用章				

收款人：张佳纯　　复核：李丽芬　　开票人：尚晓娜　　销货单位（章）

第二联：发票联　购货方记账凭证

附图 3-10　增值税专用发票

公路、内河货物运输业统一发票

发票联

开票日期：2011 年 10 月 12 日　　　　发票号码 142656302

机打代码 机打号码 机器编号		税控码	
收货人及纳税人识别码	广东佳兴木业有限公司 440103256268024	承运人及纳税人识别码	广东安通快递有限公司 440106208268039
发货人及纳税人识别码	广东泰华建材有限公司 440103568268026	主管税务机关及代码	
运输项目及金额	项目　货物　数量　单价　金额 运杂费　油漆　80 桶　4.00　320.00	其他项目及金额	无　　　备注
运费小计	¥320.00	其他费用小计	0.00
合计（大写）	人民币叁佰贰拾元整		（小写）¥320.00

承运人盖章：　广东安通快递有限公司 440106208268039 发票专用章　　　开票人：郑佳诚

第一联　发票联　付款方记账凭证

附图 3-11　承运单

商业承兑汇票　　3

出票日期（大写）：贰零壹壹年零壹拾月壹拾贰日　　汇票号码：0136301

付款人	全称	广东佳兴木业有限公司	收款人	全称	广东泰华建材有限公司
	账号	11682674052		账号	11606313052
	开户银行	建行东环支行		开户银行	建行西丽支行　行号 02436
出票金额	人民币（大写）	壹万柒仟捌佰贰拾叁元贰角整	亿千百十万千百十元角元		¥ 1 7 8 2 3 2 0
汇票到期日（大写）	贰零壹壹年壹拾贰月壹拾贰日		付款人开户行	行号	01692
交易合同号码	T048301			地址	番禺区东环路100号
本汇票已经承兑，到期无条件支付票款。 李佳胜　广东佳兴木业有限公司财务专用章　承兑人签章 2011年10月12日			本汇票请予以承兑于到期日付款。 李佳胜　广东佳兴木业有限公司财务专用章 出票人签章		

此联签发人（出票人）留存

附图 3-12　商业承兑汇票存根联

收　料　单

2011年10月12日　　收字第01303号

材料名称	规格型号	单位	应收数量	实收数量	金额（元）
油漆		桶	80	80	15 280.00

仓库主管：陈德明　　验收：李怡华　　收料：朱永材

附图 3-13　收料单（一）

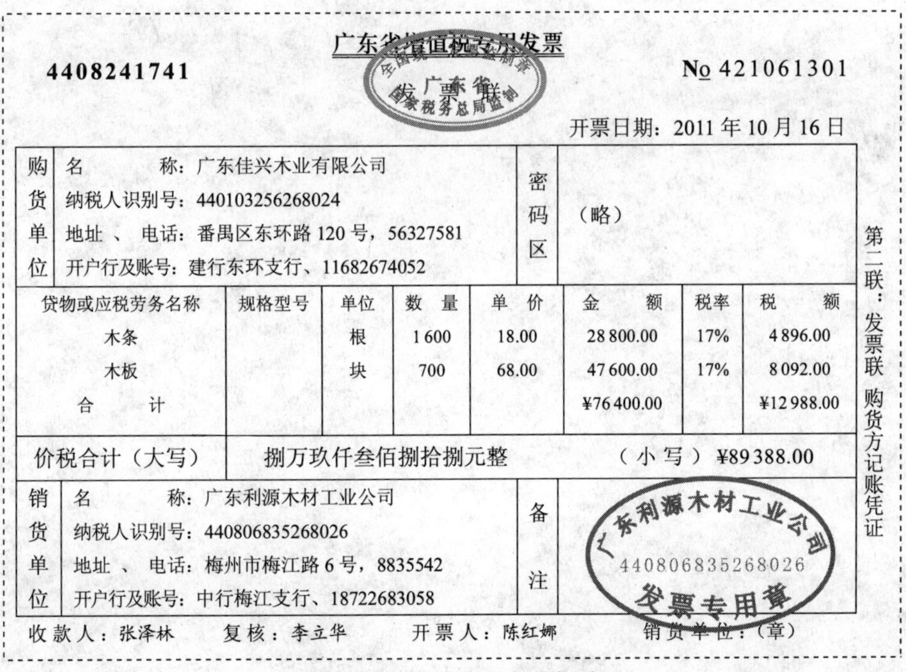

广东省增值税专用发票

4408241741　　发票联　　№ 421061301

开票日期：2011年10月16日

购货单位	名称：广东佳兴木业有限公司 纳税人识别号：440103256268024 地址、电话：番禺区东环路120号，56327581 开户行及账号：建行东环支行、11682674052	密码区	（略）				
货物或应税劳务名称	规格型号	单位	数量	单价	金额	税率	税额
木条		根	1 600	18.00	28 800.00	17%	4 896.00
木板		块	700	68.00	47 600.00	17%	8 092.00
合计					¥76 400.00		¥12 988.00
价税合计（大写）	捌万玖仟叁佰捌拾捌元整				（小写）¥89 388.00		
销货单位	名称：广东利源木材工业公司 纳税人识别号：440806835268026 地址、电话：梅州市梅江路6号，8835542 开户行及账号：中行梅江支行、18722683058	备注	广东利源木材工业公司 440806835268026 发票专用章				

收款人：张泽林　　复核：李立华　　开票人：陈红娜　　销货单位：（章）

第二联：发票联　购货方记账凭证

附图 3-14　增值税专用发票

收 料 单

2011 年 10 月 16 日　　　　收字第 01304 号

材料名称	规格型号	单位	应收数量	实收数量	金额（元）
木条		根	1 600	1 600	28 800.00
木板		块	700	700	47 600.00

仓库主管：陈德明　　　　验收：李怡华　　　　收料：朱永材

附图 3-15　收料单（二）

银行承兑汇票　　4

出票日期（大写）：贰零壹壹年零壹拾月壹拾陆日　　　　汇票号码：0135831

出票人全称	广东佳兴木业有限公司	收款人	全　称	广东利源木材工业公司
出票人账号	11682674052		账　号	18722683058
付款行全称	建行东环支行		开户银行	中行梅江支行　行号　15056

出票金额	人民币（大写）	捌万玖仟叁佰捌拾捌元整	亿	千	百	十	万	千	百	十	元	角	元
						¥	8	9	3	8	8	0	0

汇票到期日（大写）	贰零壹壹年壹拾贰月壹拾陆日	付款行	行号	01692
承兑协议编号	0040119430		地址	番禺区东环路 100 号

本汇票请你行承兑，此项汇票款我单位承兑协议于到期日前足额交存银行，到期请予以支付。

李佳胜　　广东佳兴木业有限公司财务专用章　　出票人签章

本汇票已承兑，到期由本行承付。

承兑行签章

承兑日期：2011.10.16

备注：

中国建设银行银行汇票专用章　　复核　　记账

此联作为签发单位记账凭证附件

附图 3-16　银行承兑汇票存根

领 料 单

用途：生产办公桌　　　　2011 年 10 月 20 日　　　　领字第 00233 号

材料名称	规格型号	单位	请领数量	实发数量	金额（元）
木条		根	404	404	
木板		块	176	176	
油漆		桶	25	25	

仓库主管：陈德明　　复核：杨东梅　　发料：朱永材　　制单：梁芳

附图 3-17　领料单（一）

领　料　单

用途：生产沙发　　2011 年 10 月 20 日　　领字第 00234 号

材料名称	规格型号	单位	请领数量	实发数量	金额（元）
木条		根	312	312	
木板		块	220	220	
油漆		桶	20	20	

仓库主管：陈德明　　复核：杨东梅　　发料：朱永材　　制单：梁芳

附图 3-18　领料单（二）

领　料　单

用途：车间一般耗用　　2011 年 10 月 25 日　　领字第 00235 号

材料名称	规格型号	单位	请领数量	实发数量	金额（元）
木条		根	38	38	
木板		块	23	23	

仓库主管：陈德明　　复核：杨东梅　　发料：朱永材　　制单：梁芳

附图 3-19　领料单

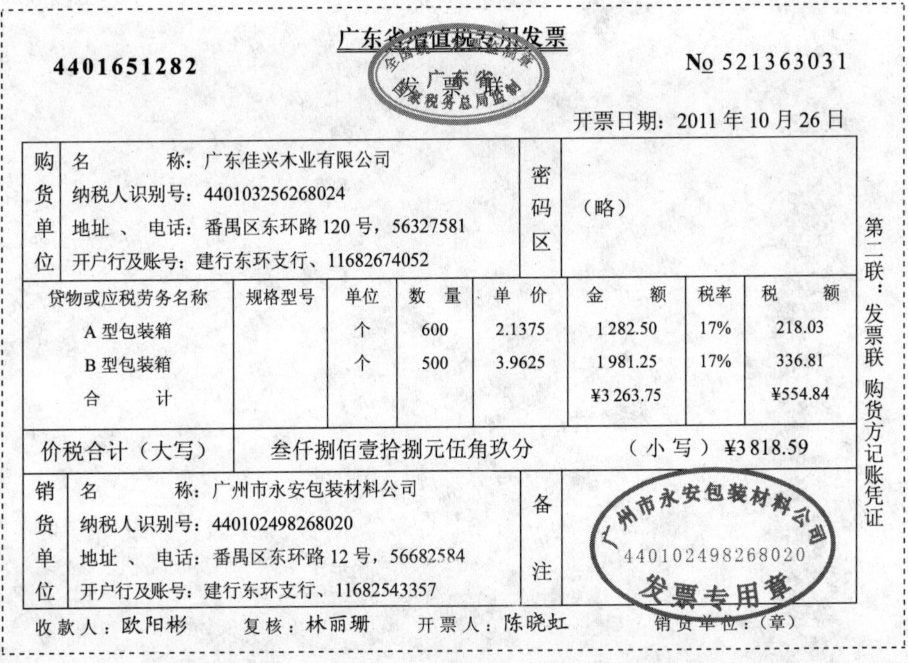

广东省增值税专用发票

4401651282　　发票联　　№ 521363031

开票日期：2011 年 10 月 26 日

购货单位	名　　称：广东佳兴木业有限公司 纳税人识别号：440103256268024 地址、电话：番禺区东环路 120 号，56327581 开户行及账号：建行东环支行、11682674052	密码区	（略）

货物或应税劳务名称	规格型号	单位	数量	单价	金额	税率	税额
A 型包装箱		个	600	2.1375	1 282.50	17%	218.03
B 型包装箱		个	500	3.9625	1 981.25	17%	336.81
合　计					¥3 263.75		¥554.84

价税合计（大写）　叁仟捌佰壹拾捌元伍角玖分　　（小写）¥3 818.59

销货单位	名　　称：广州市永安包装材料公司 纳税人识别号：440102498268020 地址、电话：番禺区东环路 12 号，56682584 开户行及账号：建行东环支行、11682543357	备注	广州市永安包装材料公司 440102498268020 发票专用章

收款人：欧阳彬　　复核：林丽珊　　开票人：陈晓虹　　销货单位：（章）

第二联：发票联　购货方记账凭证

附图 3-20　增值税专用发票

收 料 单

2011 年 10 月 26 日　　　　收字第 01305 号

材料名称	规格型号	单位	应收数量	实收数量	金额（元）
A 型包装箱		个	600	600	1 282.50
B 型包装箱		个	500	500	1 981.25

仓库主管：陈德明　　　　验收：李怡华　　　　收料：朱永材

附图 3-21　收料单

中国建设银行支票存根（粤）

GS 07384031

附加信息

出票日期　年　月　日

收款人：

金　额：

用　途：

单位主管　　会计

本支票付款期限十天

中国建设银行支票（粤）　　**GS 07384031**

出票日期（大写）　年　月　日　　付款行名称：

收款人：　　出票人账号：

人民币 （大 写）	千	百	十	万	千	百	十	元	角	分

用途

上列款项请从我账户内支付

出票人签章　　广东佳兴木业有限公司财务专用章　　李佳胜

复核　　记账

附图 3-22　支票

领 料 单

用途：管理部门领用　　2011 年 10 月 28 日　　领字第 00236 号

材料名称	规格型号	单位	请领数量	实发数量	金额（元）
油漆		桶	8	8	

仓库主管：陈德明　　复核：杨东梅　　发料：朱永材　　制单：梁芳

附图 3-23　领料单

领 料 单

用途：车间一般耗用　　2011 年 10 月 28 日　　领字第 00237 号

材料名称	规格型号	单位	请领数量	实发数量	金额（元）
油漆		桶	10	10	

仓库主管：陈德明　　复核：杨东梅　　发料：朱永材　　制单：梁芳

附图 3-24　领料单

领 料 单

用途：生产办公桌　　2011 年 10 月 30 日　　领字第 00238 号

材料名称	规格型号	单位	请领数量	实发数量	金额（元）
A 型包装箱		个	480	480	

仓库主管：陈德明　　复核：杨东梅　　发料：朱永材　　制单：梁芳

附图 3-25　领料单（一）

领 料 单

用途：生产沙发　　2011 年 10 月 30 日　　领字第 00239 号

材料名称	规格型号	单位	请领数量	实发数量	金额（元）
B 型包装箱		个	320	320	

仓库主管：陈德明　　复核：杨东梅　　发料：朱永材　　制单：梁芳

附图 3-26　领料单（二）

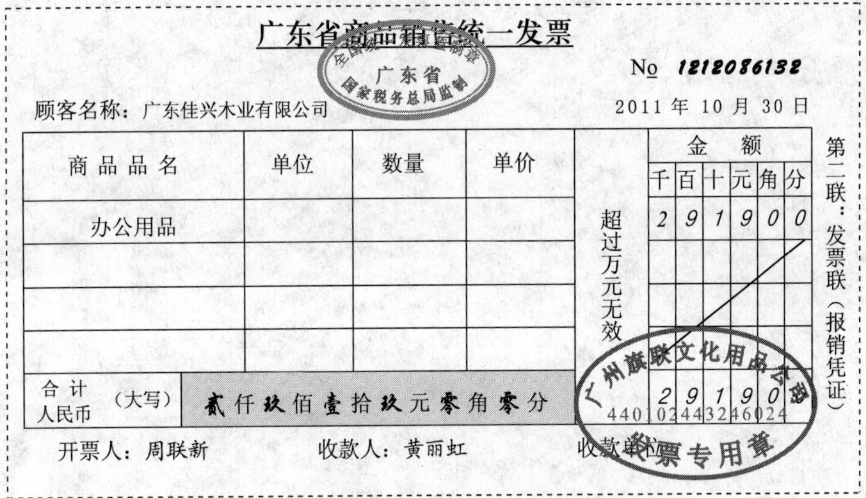

广东省商品销售统一发票

广东省　国家税务总局监制

№ 1212086132

顾客名称：广东佳兴木业有限公司　　2011 年 10 月 30 日

商品品名	单位	数量	单价		金额 千	百	十	元	角	分
办公用品				超过万元无效	2	9	1	9	0	0
合计人民币（大写）	贰仟玖佰壹拾玖元零角零分				2	9	1	9	0	0

第二联：发票联（报销凭证）

开票人：周联新　　收款人：黄丽虹　　收款单位：

广州旗联文化用品公司　440102443246024　发票专用章

附图 3-27　普通发票

中国建设银行支票存根（粤）

GS 07384036

附加信息

出票日期　年　月　日

收款人：

金　额：

用　途：

单位主管　　会计

本支票付款期限十天

中国建设银行支票（粤）　　GS 07384036

出票日期（大写）　年　月　日　　付款行名称：

收款人：　　出票人账号：

人民币（大写）	千	百	十	万	千	百	十	元	角	分

用途

上列款项请从我账户内支付

出票人签章　　广东佳兴木业有限公司财务专用章　　李佳胜

复核　　记账

附图 3-28　支票

发出材料单位成本计算表

2011 年 10 月 31 日　　　单位：元

材料名称	期初余额			本期购进				单位成本
	数量	单价	金额	购进时间	数量	单价	金额	
木条								
木板								
油漆								
A 型包装								
B 型包装								

会计主管：范永建　　复核：杨东梅　　制表：谢丽华

附图 3-29　发出材料单位成本计算表

发出材料汇总表

2011 年 10 月 31 日　　　单位：元

部门/用途	木条			木板			油漆			A型包装箱			B型包装箱			合计
	数量	单价	金额	数量	单价	金额	数量	单价	金额	数量	单价	金额	数量	单价	金额	
办公桌																
沙发																
生产车间																
管理部门																
合计																

会计主管：范永建　　复核：杨东梅　　制表：谢丽华

附图 3-30　发出材料汇总表

水费分配表

2011 年 10 月

部门或用途	用水量（吨）	单价（元/吨）	应分配水费（元）
生产办公桌	164	1.86	
生产沙发	159	1.86	
车间管理	36	1.86	
行政管理	23	1.86	
合计	372	1.86	

会计主管：范永建　　复核：杨东梅　　制表：谢丽华

附图 3-31　水费分配表

电费分配表

2011 年 10 月

部门或用途	用电量（度）	单价（元/度）	应分配电费（元）
生产办公桌	1 563	0.91	
生产沙发	1 121	0.91	
车间管理	396	0.91	
行政管理	280	0.91	
合计	3 360	0.91	

会计主管：范永建　　复核：杨东梅　　制表：谢丽华

附图 3-32　电费分配表

工资结算汇总表

2011 年 10 月　　单位：元

部门或用途	基本工资	加班工资	津贴补贴	资金	应付工资	代扣款	实发工资
生产办公桌	22 464	2 980	5 990.4	6 005.6	37 440		
生产沙发	24 192	3 600	6 451.2	6 076.8	40 320		
车间管理人员	12 236	422	3 670.8	1 151.2	17 480		
行政管理人员	10 052	510	2 594.8	1 213.2	14 360		
合计	68 944	7 512	18 697.2	14 446.8	109 600		

会计主管：范永建　　复核：杨东梅　　制表：谢丽华

附图 3-33　工资结算汇总表

制造费用分配表

2011 年 10 月 31 日

产品项目	分配标准（工时）	分配率（元/工时）	分配金额（元）
办公桌	2 020		
沙发	2 480		
合计	4 500		

会计主管：范永建　　复核：杨东梅　　制表：谢丽华

附图 3-34　制造费用分配表

产成品入库单

2011 年 10 月 14 日　　收字第 301 号

产品名称	规格型号	单位	应收数量	实收数量	金额（元）
办公桌		张	260	260	

仓库主管：陈德明　　复核：朱永材　　验收：李怡华　　制单：梁芳

附图 3-35　产成品入库单（一）

产成品入库单

2011 年 10 月 16 日　　　　收字第 302 号

产品名称	规格型号	单位	应收数量	实收数量	金额（元）
沙发		套	210	210	

仓库主管：陈德明　　复核：朱永材　　验收：李怡华　　制单：梁芳

附图 3-36　产成品入库单（二）

产成品入库单

2011 年 10 月 26 日　　　　收字第 303 号

产品名称	规格型号	单位	应收数量	实收数量	金额（元）
办公桌		张	220	220	

仓库主管：陈德明　　复核：朱永材　　验收：李怡华　　制单：梁芳

附图 3-37　产成品入库单（三）

产成品入库单

2011 年 10 月 30 日　　　　收字第 304 号

产品名称	规格型号	单位	应收数量	实收数量	金额（元）
沙发		套	110	110	

仓库主管：陈德明　　复核：朱永材　　验收：李怡华　　制单：梁芳

附图 3-38　产成品入库单（四）

完工产品成本计算单

2011 年 10 月 31 日　　　　单位：元

产品名称：办公桌　（张）　　　　完工产品数量：

项目	直接材料	直接人工	水费	电费	制造费用	合计
期初在产品成本						
本月生产费用						
完工产品成本						
期末在产品成本						
单位成本						

会计主管：范永建　　复核：杨东梅　　制表：谢丽华

附图 3-39　产品成本计算单（一）

完工产品成本计算单

2011 年 10 月 31 日　　　　单位：元

产品名称：沙发（套）　　　　完工产品数量：

项目	直接材料	直接人工	水费	电费	制造费用	合计
期初在产品成本						
本月生产费用						
完工产品成本						
期末在产品成本						
单位成本						

会计主管：范永建　　　　复核：杨东梅　　　　制表：谢丽华

附图 3-40　产品成本计算单（二）

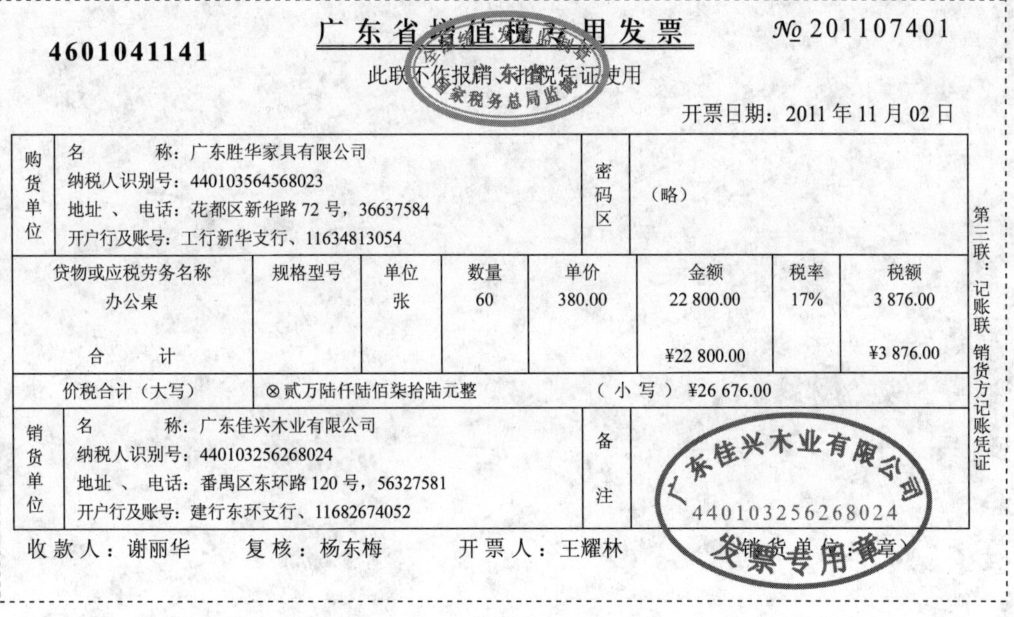

广东省增值税专用发票　　№ 201107401

4601041141

此联不作报销、扣税凭证使用

开票日期：2011 年 11 月 02 日

购货单位	名　　称：广东胜华家具有限公司 纳税人识别号：440103564568023 地址 、 电话：花都区新华路 72 号，36637584 开户行及账号：工行新华支行、11634813054	密码区	（略）

货物或应税劳务名称	规格型号	单位	数量	单价	金额	税率	税额
办公桌		张	60	380.00	22 800.00	17%	3 876.00
合　　计					¥22 800.00		¥3 876.00
价税合计（大写）	⊗贰万陆仟陆佰柒拾陆元整				（小 写） ¥26 676.00		

销货单位	名　　称：广东佳兴木业有限公司 纳税人识别号：440103256268024 地址 、 电话：番禺区东环路 120 号，56327581 开户行及账号：建行东环支行、11682674052	备注	

收 款 人：谢丽华　　复 核：杨东梅　　开 票 人：王耀林　　销货单位（章）

第三联：记账联　销货方记账凭证

广东佳兴木业有限公司 440103256268024 发票专用章

附图 4-1　增值税专用发票记账联

产品出库单

2011 年 11 月 2 日　　　　第 1401 号

产品名称	规格	型号	单位	数量	单位成本	金额（元）
办公桌			张	60		

仓库主管：陈德明　　复核：杨东梅　　发货：朱永材　　制单：梁芳

附图 4-2　产品出库单

中国工商银行**支票**（粤）　　GS 07024041

本支票付款期限十天

出票日期（大写）贰零壹壹 年 壹拾壹 月 零贰 日　　付款行名称：工行新华支行

收款人：广东佳兴木业有限公司　　出票人账号：11634813054

人民币（大写）贰万陆仟陆佰柒拾陆元整	千	百	十	万	千	百	十	元	角	分
			¥	2	6	6	7	6	0	0

用途　支付货款

上列款项请从
我账户内支付
出票人签章

广东胜华家具有限公司财务专用章

王德胜

复核　　记账

附加信息：	被背书人
	背书人签章 年　月　日
身份证件名称：　　发证机关：	
号码	

附图 4-3　转账支票

中国建设银行**进账单**　（回　单）　　1

年　月　日

出票人	全　称		收款人	全　称	
	账　号			账　号	
	开户银行			开户银行	

金额	人民币（大写）	亿	千	百	十	万	千	百	十	元	角	分

票据种类		票据张数		
票据号码				
复核　　记账				开户银行盖章

此联是开户银行交给持（出）票人的回单

附图 4-4　银行进账单

广东省增值税专用发票

4601041141　　　　№ 201107402

此联不作报销、扣税凭证使用

开票日期：2011 年 11 月 05 日

购货单位	名　　称：广州百川家具有限公司 纳税人识别号：440102443268027 地址、电话：增城市光明路 36 号，68682587 开户行及账号：建行光明支行、11676243355				密码区	（略）		
货物或应税劳务名称	规格型号	单位	数量	单价	金额	税率	税额	
办公桌		张	50	380.00	19 000.00	17%	3 230.00	
沙发		套	50	640.00	32 000.00	17%	5 440.00	
合　计					¥51 000.00		¥8 670.00	
价税合计（大写）	⊗伍万玖仟陆佰柒拾元整			（小写）¥59 670.00				
销货单位	名　　称：广东佳兴木业有限公司 纳税人识别号：440103256268024 地址、电话：番禺区东环路 120 号，56327581 开户行及账号：建行东环支行、11682674052				备注	广东佳兴木业有限公司 440103256268024 发票专用章		

收款人：谢丽华　　复核：杨东梅　　开票人：王耀林　　销货单位：（章）

第三联：记账联　销货方记账凭证

附图 4-5　增值税专用发票记账联

产品出库单

2011 年 11 月 5 日　　　　第 1402 号

产品名称	规格	型号	单位	数量	单位成本	金额（元）
办公桌			张	50		
沙发			套	50		

仓库主管：陈德明　　复核：杨东梅　　发货：朱永材　　制单：梁芳

附图 4-6　产品出库单

托收凭证（受理回单） 1

委托日期：2011 年 11 月 05 日

<table>
<tr><td colspan="2">业务类型</td><td colspan="4">委托收款（□邮划、☑电划）</td><td colspan="5">托收承付（□邮划、□电划）</td></tr>
<tr><td rowspan="3">付款人</td><td>全称</td><td colspan="4">广州百川家具有限公司</td><td rowspan="3">收款人</td><td>全称</td><td colspan="3">广东佳兴木业有限公司</td></tr>
<tr><td>账号</td><td colspan="4">11676243355</td><td>账号</td><td colspan="3">11682674052</td></tr>
<tr><td>地址</td><td>广东省 广州 市县</td><td>开户行</td><td colspan="2">光明支行</td><td>地址</td><td>广东省 广州 市县</td><td>开户行</td><td>建行东环支行</td></tr>
<tr><td>金额</td><td>人民币（大写）</td><td colspan="5">伍万玖仟陆佰柒拾元整</td><td colspan="4">亿 千 百 十 万 千 百 十 元 角 分
¥ 5 9 6 7 0 0 0</td></tr>
<tr><td colspan="2">款项内容</td><td colspan="2">销货款</td><td>托收凭据名称</td><td colspan="2">发票、承运单</td><td colspan="4">附寄单证张数 3</td></tr>
<tr><td colspan="2">商品发运情况</td><td colspan="5">已发运</td><td colspan="4">合同名称号码 T00401</td></tr>
<tr><td colspan="4">备注：
复核 记账</td><td colspan="3">款项收妥日期：
年 月 日</td><td colspan="4">中国建设银行股份有限公司 广州东环支行 2011.11.05 办讫章 (4)
收款人开户银行签章</td></tr>
</table>

此联作收款人开户银行给收款人的受理回单

附图 4-7 委托收款受理回单

广东省增值税专用发票

4601041141 № 201107403

此联不作报销、扣税凭证使用

开票日期：2011 年 11 月 08 日

<table>
<tr><td>购货单位</td><td colspan="5">名　　称：佛山海纳家具有限公司
纳税人识别号：440306208235036
地址、电话：顺德区河滨南路 9 号，67697282
开户行及账号：中行河滨支行、13657443031</td><td>密码区</td><td colspan="2">（略）</td></tr>
<tr><td>货物或应税劳务名称</td><td>规格型号</td><td>单位</td><td>数量</td><td>单价</td><td>金额</td><td>税率</td><td colspan="2">税额</td></tr>
<tr><td>办公桌</td><td></td><td>张</td><td>120</td><td>342.00</td><td>41 040.00</td><td>17%</td><td colspan="2">6 976.80</td></tr>
<tr><td>沙发</td><td></td><td>套</td><td>80</td><td>576.00</td><td>46 080.00</td><td>17%</td><td colspan="2">7 833.60</td></tr>
<tr><td>合　计</td><td></td><td></td><td></td><td></td><td>¥87 120.00</td><td></td><td colspan="2">¥14810.40</td></tr>
<tr><td>价税合计（大写）</td><td colspan="8">⊗壹拾万壹仟玖佰叁拾元肆角整　（小写）¥101 930.40</td></tr>
<tr><td>销货单位</td><td colspan="5">名　　称：广东佳兴木业有限公司
纳税人识别号：440103256268024
地址、电话：番禺区东环路 120 号，56327581
开户行及账号：建行东环支行、11682674052</td><td>备注</td><td colspan="2">广东佳兴木业有限公司 440103256268024 发票专用章</td></tr>
</table>

收款人：谢丽华　　复核：杨东梅　　开票人：王耀林　　销货单位：（章）

第三联：记账联 销货方记账凭证

附图 4-8 增值税专用发票记账联

产品出库单

2011年11月8日　　　　第 1403 号

产品名称	规格	型号	单位	数量	单位成本	金额（元）
办公桌			张	120		
沙发			套	80		

仓库主管：陈德明　　复核：杨东梅　　发货：朱永材　　制单：梁芳

附图 4-9　产品出库单

银行承兑汇票　2

出票日期（大写）：贰零壹壹年壹拾壹月零捌日　　汇票号码：0135841

出票人全称	佛山海纳家具有限公司	收款人	全　称	广东佳兴木业有限公司	
出票人账号	13657443031		账　号	11682674052	
付款行全称	中行河滨支行		开户银行	建行东环支行	行号 01692
出票金额	人民币（大写）	壹拾万壹仟玖佰叁拾元肆角整		亿千百十万千百十元角元：¥ 1 0 1 9 3 0 4 0	
汇票到期日（大写）	贰零壹贰年零壹月零捌日	付款行	行号	15032	
承兑协议编号	0040110402		地址	顺德区河滨南路16号	

本汇票请你行承兑，此项汇票款我单位承兑协议于到期日前足额交存银行，到期请予以支付。

李海林　佛山海纳家具有限公司财务专用章　出票人签章

本汇票已承兑，到期由本行承付。

承兑行签章

承兑日期：2011.11.08

备注：

中国建设银行银行汇票专用章　复核　记账

此联收款人开户行随托收凭证寄付款行作借方凭证附件

附图 4-10　银行承兑汇票

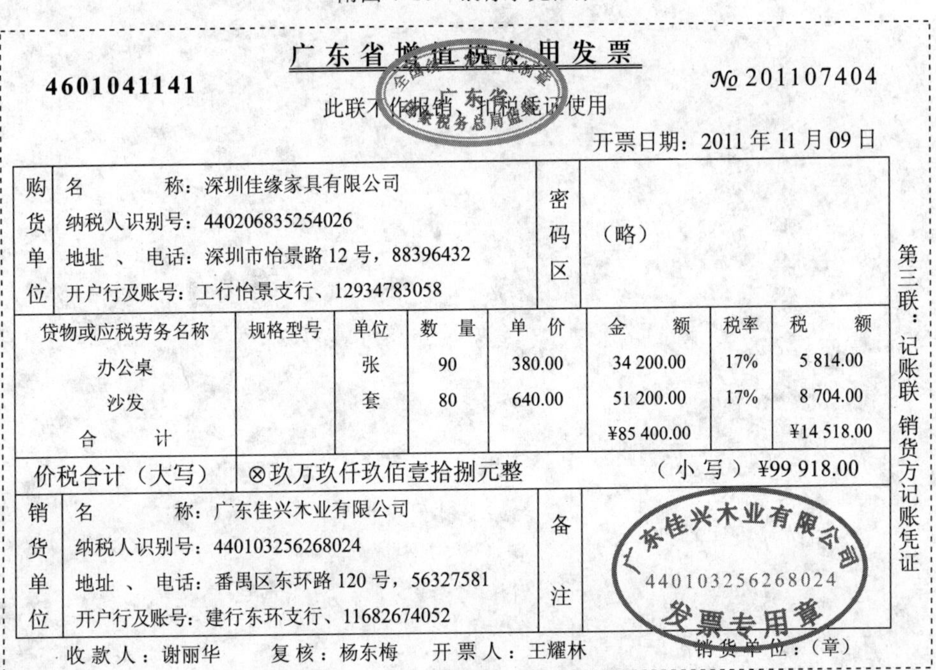

广东省增值税专用发票

4601041141　　№ 201107404

此联不作报销、扣税凭证使用

开票日期：2011年11月09日

购货单位	名　称：深圳佳缘家具有限公司 纳税人识别号：440206835254026 地址、电话：深圳市怡景路12号，88396432 开户行及账号：工行怡景支行、12934783058	密码区	（略）

货物或应税劳务名称	规格型号	单位	数量	单价	金额	税率	税额
办公桌		张	90	380.00	34 200.00	17%	5 814.00
沙发		套	80	640.00	51 200.00	17%	8 704.00
合　计					¥85 400.00		¥14 518.00
价税合计（大写）	⊗玖万玖仟玖佰壹拾捌元整				（小写）¥99 918.00		

销货单位	名　称：广东佳兴木业有限公司 纳税人识别号：440103256268024 地址、电话：番禺区东环路120号，56327581 开户行及账号：建行东环支行、11682674052	备注	广东佳兴木业有限公司 440103256268024 发票专用章

收款人：谢丽华　　复核：杨东梅　　开票人：王耀林　　销货单位：（章）

第三联：记账联　销货方记账凭证

附图 4-11　增值税专用发票记账联

产品出库单

2011 年 11 月 9 日　　　　第 1404 号

产品名称	规格	型号	单位	数量	单位成本	金额（元）
办公桌			张	90		
沙发			套	80		

仓库主管：陈德明　　复核：杨东梅　　发货：朱永材　　制单：梁芳

附图 4-12　产品出库单

销售退回审批单

2011 年 11 月 12 日　　　　单位：元

购买单位	广州百川家具有限公司		销售退回原因	其中 2 张办公桌不符合质量要求	
商品名称	销售时间	销售数量	价税金额	退回价款	增值税额
办公桌	2011.11.5	50 张	22 230.00	760.00	129.20
沙发	2011.11.5	50 套	37 440.00		
合计	—	—	¥59 670.00	¥760.00	¥129.20

会计主管：范永建　　销售主管：王裕峰　　制表：梁芳

附图 4-13　销售退回审批单

开具红字增值税专用发票通知单

填开日期：2011 年 11 月 12 日　　　　No.0132541

销售方	名称	广东佳兴木业公司	购买方	名称	广州百川家具公司
	税务登记号	440103256268024		税务登记号	440102443268027
开具红字发票内容	货物名称	单价	数量	金额	税额
	办公桌	380.00	2	760.00	129.20
	合计			¥760.00	¥129.20
说明	需要作进项税额转出☑ 不需要作进项税额转出□ 纳税人识别号认证不符□ 专用发票代码、号码认证不符□ 对应蓝字专用发票密码区打印的代码 开具红字专用发票的理由： 其中 2 张办公桌不符合质量要求，提出退货要求，双方已达成退货协议。				广州市国家税务局增城分局 税务征收机关盖章

经办人：朱敏芳　　负责人：林晓涛　　主管税务机关（印章）：

附图 4-14　开具红字增值税专用发票通知单

广东省增值税专用发票

4601041141　　　　　　　　　　　　№ 201107405

此联不作报销、扣税凭证使用

开票日期：2011 年 11 月 12 日

购货单位	名　　称：广州百川家具有限公司 纳税人识别号：440102443268027 地址、电话：增城市光明路 36 号，68682587 开户行及账号：建行光明支行、11676243355	密码区	（略）

货物或应税劳务名称	规格型号	单位	数量	单价	金额	税率	税额
办公桌		张	−2	380.00	−760.00	17%	−129.20
合计					¥−760.00		¥−129.20
价税合计（大写）	⊗捌佰捌拾玖元贰角整（负数）				（小写）¥−889.20		

销货单位	名　　称：广东佳兴木业有限公司 纳税人识别号：440103256268024 地址、电话：番禺区东环路 120 号，56327581 开户行及账号：建行东环支行、11682674052	备注	广东佳兴木业有限公司 440103256268024 发票专用章

收款人：谢丽华　　复核：杨东梅　　开票人：王耀林　　销货单位：（章）

第三联：记账联 销货方记账凭证

附图 4-15　增值税专用发票记账联

退回产品入库单

2011 年 11 月 12 日　　　　　　第 1041 号

产品名称	规格	型号	单位	数量	单价	金额（元）
办公桌			张	2		

仓库主管：陈德明　　复核：杨东梅　　验收：李怡华　　制单：朱永材

附图 4-16　退回产品入库单

广东省增值税专用发票

4601041141 №201107406

此联不作报销、扣税凭证使用

开票日期：2011 年 11 月 15 日

购货单位	名　　称：广东胜华家具有限公司 纳税人识别号：440103564568023 地址、电话：花都区新华路 72 号，36637584 开户行及账号：工行新华支行、11634813054				密码区	（略）		
货物或应税劳务名称	规格型号	单位	数量	单价	金额	税率	税额	
办公桌		张	60	380.00	22 800.00	17%	3 876.00	
沙发		套	40	640.00	25 600.00	17%	4 352.00	
合　计					¥48 400.00		¥8 228.00	
价税合计（大写）	⊗伍万陆仟陆佰贰拾捌元整				（小写）¥56 628.00			
销货单位	名　　称：广东佳兴木业有限公司 纳税人识别号：440103256268024 地址、电话：番禺区东环路 120 号，56327581 开户行及账号：建行东环支行、11682674052				备注	广东佳兴木业有限公司 440103256268024 发票专用章		

收款人：谢丽华　复核：杨东梅　开票人：王耀林　销货单位：（章）

第三联：记账联　销货方记账凭证

附图 4-17　增值税专用发票记账联

产品出库单

2011 年 11 月 15 日　　第 1405 号

产品名称	规格	型号	单位	数量	单位成本	金额（元）
办公桌			张	60		
沙发			套	40		

仓库主管：陈德明　复核：杨东梅　发货：朱永材　制单：梁芳

附图 4-18　产品出库单

销售折让审批单

2011 年 11 月 16 日　　单位：元

购买单位	广东胜华家具有限公司		销售折让原因	部分沙发存在瑕疵	
商品名称	销售时间	销售数量	价税金额	折让率	折让金额
沙发	2011.11.15	40 套	29 952.00	10%	2 995.20
合计	—	—	¥29 952.00	10%	¥2 995.20

会计主管：范永建　销售主管：王裕峰　制表：梁芳

附图 4-19　销售折让审批单

开具红字增值税专用发票通知单

填开日期：2011 年 11 月 16 日　　　　No.0032542

<table>
<tr><td rowspan="2">销售方</td><td>名称</td><td>广东佳兴木业公司</td><td rowspan="2">购买方</td><td>名称</td><td>广东胜华家具公司</td></tr>
<tr><td>税务登记号</td><td>440103256268024</td><td>税务登记号</td><td>440103564568023</td></tr>
<tr><td rowspan="3">开具红字
发票内容</td><td>货物名称</td><td>单价</td><td>数量</td><td>金额</td><td>税额</td></tr>
<tr><td>沙发</td><td></td><td></td><td>2 560.00</td><td>435.20</td></tr>
<tr><td>合计</td><td></td><td></td><td>¥2 560.00</td><td>¥435.20</td></tr>
<tr><td>说明</td><td colspan="4">需要作进项税额转出☑
不需要作进项税额转出□
纳税人识别号认证不符□
专用发票代码、号码认证不符□
对应蓝字专用发票密码区打印的代码
开具红字专用发票的理由：
因部分休闲服存在瑕疵，购买方提出销售折让，双方已达成折让协议。</td><td>广州市国家税务局花都分局
税务征收机关盖章</td></tr>
</table>

经办人：李晓莉　　　负责人：林海峰　　　主管税务机关（印章）：

附图 4-20　开具红字增值税专用发票通知单

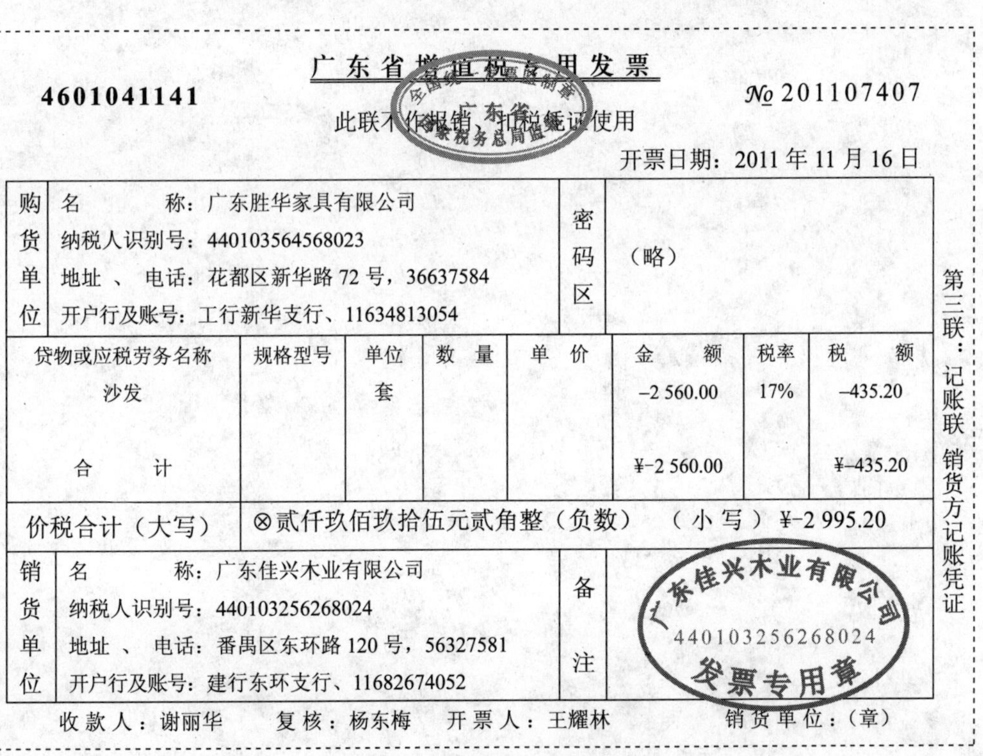

广东省增值税专用发票

4601041141　　　　№ 201107407

此联不作报销、扣税凭证使用

开票日期：2011 年 11 月 16 日

<table>
<tr><td>购货单位</td><td colspan="5">名　　称：广东胜华家具有限公司
纳税人识别号：440103564568023
地址、电话：花都区新华路 72 号，36637584
开户行及账号：工行新华支行、11634813054</td><td>密码区</td><td colspan="2">（略）</td></tr>
<tr><td>货物或应税劳务名称</td><td>规格型号</td><td>单位</td><td>数量</td><td>单价</td><td>金额</td><td>税率</td><td>税额</td><td></td></tr>
<tr><td>沙发</td><td></td><td>套</td><td></td><td></td><td>–2 560.00</td><td>17%</td><td>–435.20</td><td></td></tr>
<tr><td>合　计</td><td></td><td></td><td></td><td></td><td>¥-2 560.00</td><td></td><td>¥-435.20</td><td></td></tr>
<tr><td>价税合计（大写）</td><td colspan="8">⊗贰仟玖佰玖拾伍元贰角整（负数）　（小写）¥-2 995.20</td></tr>
<tr><td>销货单位</td><td colspan="5">名　　称：广东佳兴木业有限公司
纳税人识别号：440103256268024
地址、电话：番禺区东环路 120 号，56327581
开户行及账号：建行东环支行、11682674052</td><td>备注</td><td colspan="2">广东佳兴木业有限公司
440103256268024
发票专用章</td></tr>
</table>

第三联：记账联　销货方记账凭证

收款人：谢丽华　　复核：杨东梅　　开票人：王耀林　　销货单位：（章）

附图 4-21　增值税专用发票记账联

中国工商银行支票（粤） GS 06824041

本支票付款期限十天

出票日期（大写）贰零壹壹 年壹拾壹月壹拾玖日 付款行名称：工行怡景支行

收款人：广东佳兴木业有限公司 出票人账号：12934783058

人民币（大写）	玖万捌仟贰佰壹拾元整	千	百	十	万	千	百	十	元	角	分
				¥	9	8	2	1	0	0	0

用途 支付货款

上列款项请从
我账户内支付
出票人签章

深圳佳缘家具有限公司财务专用章 郑利德

复核 记账

附加信息：

被背书人

背书人签章

年 月 日

身份证件名称： 发证机关：

号码

附图 4-22 转账支票

中国建设银行进账单 （回 单） 1

年 月 日

出票人	全 称		收款人	全 称	
	账 号			账 号	
	开户银行			开户银行	

金额	人民币（大写）	亿	千	百	十	万	千	百	十	元	角	分

票据种类		票据张数		
票据号码				
复核	记账			开户银行盖章

此联是开户银行交给持（出）票人的回单

附图 4-23 银行进账单

现金折扣审批单

2011 年 11 月 19 日　　　　　　　　　　单位：元

购买单位	深圳佳缘家具有限公司		现金折扣条件	（2/10，1/20，n/30）	
商品名称	销售时间	收款时间	售价金额	折扣率	现金折扣
办公桌	2011.11.9	2011.11.19	34 200	2%	684.00
沙发	2011.11.9	2011.11.19	51 200	2%	1 024.00
合计	—	—	¥85 400.00	2%	¥1 708.00

会计主管：范永建　　　　销售主管：王裕峰　　　　制表：梁芳

附图 4-24　现金折扣审批单

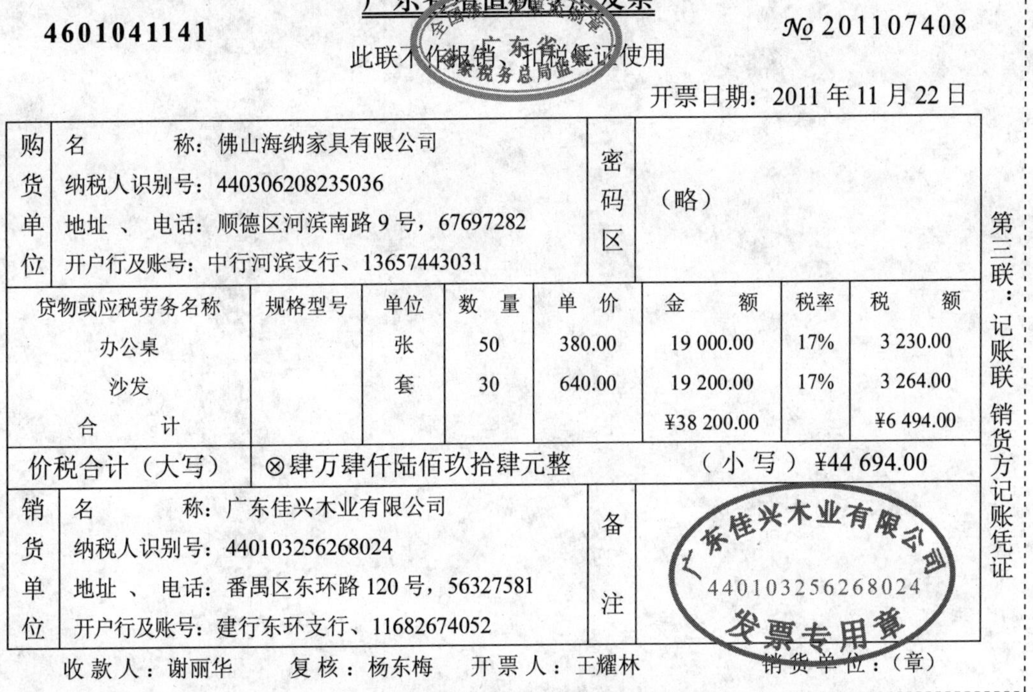

广东省增值税专用发票

4601041141　　　　　　　　　　№ 201107408

此联不作报销、扣税凭证使用

开票日期：2011 年 11 月 22 日

购货单位	名　　称：佛山海纳家具有限公司 纳税人识别号：440306208235036 地址 、电话：顺德区河滨南路 9 号，67697282 开户行及账号：中行河滨支行、13657443031	密码区	（略）

货物或应税劳务名称	规格型号	单位	数量	单价	金额	税率	税额
办公桌		张	50	380.00	19 000.00	17%	3 230.00
沙发		套	30	640.00	19 200.00	17%	3 264.00
合　　计					¥38 200.00		¥6 494.00

价税合计（大写）	⊗肆万肆仟陆佰玖拾肆元整　　（小写）¥44 694.00

销货单位	名　　称：广东佳兴木业有限公司 纳税人识别号：440103256268024 地址 、电话：番禺区东环路 120 号，56327581 开户行及账号：建行东环支行、11682674052	备注	广东佳兴木业有限公司 440103256268024 发票专用章

收款人：谢丽华　　复核：杨东梅　　开票人：王耀林　　　　销货单位：（章）

第三联：记账联　销货方记账凭证

附图 4-25　增值税专用发票记账联

公路、内河货物运输业统一发票

发票联

开票日期：2011 年 11 月 22 日　　　　发票号码 142656406

机打代码 机打号码 机器编号		税控码	
收货人及纳税人识别码	佛山海纳家具有限公司 440306208235036	承运人及纳税人识别码	广东安通快递有限公司 440106208268039
发货人及纳税人识别码	广东佳兴木业有限公司 440103256268024	主管税务机关及代码	
运输项目及金额	项目 货物 数量 单价 金额 运杂费 办公桌 50 张 2.80 140.00 运杂费 沙发 30 套 4.00 120.00	其他项目及金额	无　　　备注
运费小计	¥260.00	其他费用小计	0.00
合计（大写）	人民币贰佰陆拾元整	（小写）¥260.00	

承运人盖章：　　　　开票人：郑佳诚

第一联 发票联 付款方记账凭证

附图 4-26　承运单

支付证明单

2011 年 11 月 22 日　　　　总第______号

事由货品名	数量	单位	单价	十	万	千	百	十	元	角	分
代垫运杂费	现金付讫						2	6	0	0	0
共计金额	零拾零万零仟贰佰陆拾零元零角零分			¥260.00							
受款人	广东安通快递有限公司	未能取得单据原因	发票交佛山海纳家具有限公司								

部门主管：郑景成　　会计：杨东梅　　出纳：谢丽华　　证明人：王裕峰

附图 4-27　运杂费支付证明

托收凭证（受理回单） 1

委托日期：2011 年 11 月 22 日

业务类型		委托收款（□邮划、□电划）			托收承付（□邮划、☑电划）			
付款人	全 称	佛山海纳家具有限公司			收款人	全 称	广东佳兴木业有限公司	
	账 号	13657443031				账 号	11682674052	
	地 址	广东省 佛山 市县	开户行	河滨支行		地 址	广东省 广州 市县 开户行	建行东环支行
金额	人民币（大写）	肆万肆仟玖佰伍拾肆元整					亿千百十万千百十元角分	¥ 4 4 9 5 4 0 0
款项内容	销货款		托收凭据名称	发票、承运单			附寄单证张数	3
商品发运情况			已发运				合同名称号码	T00412
备注： 复核 记账			款项收妥日期： 年 月 日				收款人开户银行签章	

中国建设银行股份有限公司 广州东环支行 2011.11.22 办讫章 (4)

此联作收款人开户银行给收款人的受理回单

附图 4-28 托收承付受理回单

产品出库单

2011 年 11 月 22 日　　第 1406 号

产品名称	规格	型号	单位	数量	单位成本	金额（元）
办公桌			张	50		
沙发			套	30		

仓库主管：陈德明　复核：杨东梅　发货：朱永材　制单：梁芳

附图 4-29 产品出库单

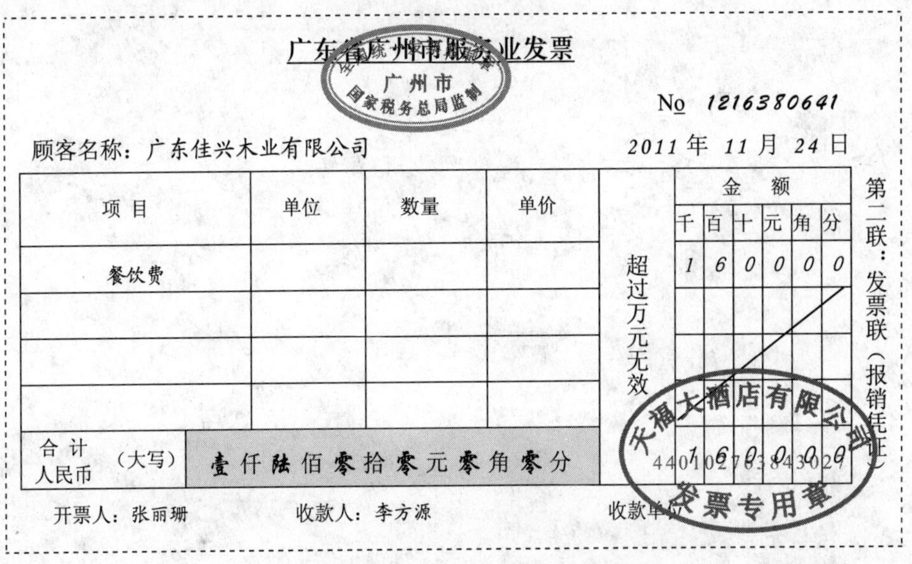

广东省广州市服务业发票

广州市 国家税务总局监制

№ 1216380641

顾客名称：广东佳兴木业有限公司　　2011 年 11 月 24 日

项 目	单位	数量	单价		金额 千百十元角分
餐饮费				超过万元无效	1 6 0 0 0 0
合计人民币（大写）	壹仟陆佰零拾零元零角零分				1 6 0 0 0 0

开票人：张丽珊　收款人：李方源　收款单位：

天福大酒店有限公司 440102763843027 发票专用章

第二联：发票联（报销凭证）

附图 4-30 广州市服务业发票

中国建设银行支票存根（粤）
GS 07384042
附加信息
出票日期 年 月 日
收款人：
金 额：
用 途：
单位主管 会计

本支票付款期限十天

中国建设银行支票（粤） GS 07384042
出票日期（大写） 年 月 日 付款行名称：
收款人： 出票人账号：

人民币（大写）	千	百	十	万	千	百	十	元	角	分

用途
上列款项请从我账户内支付
出票人签章 广东佳兴木业有限公司财务专用章 李佳胜
复核 记账

附图 4-31 支票

广东省广州市广告业发票

全国统一发票监制章 广州市 国家税务总局监制

№ 4401380641

顾客名称：广东佳兴木业有限公司 2011 年 11 月 25 日

项目	单位	数量	单价	十	万	千	百	十	元	角	分
广告费					1	2	0	0	0	0	0
合计人民币（大写）	零拾壹万贰仟零佰零拾零元零角零分			¥	1	2	0	0	0	0	0

第二联：发票联（报销凭证）

开票人：李敏虹 收款人：陈晓华 收款单位（广东华视广告有限公司 440102513873029 发票专用章）

附图 4-32 广州市广告业发票

中国建设银行支票存根（粤）
GS 07384043
附加信息
出票日期 年 月 日
收款人：
金 额：
用 途：
单位主管 会计

本支票付款期限十天

中国建设银行支票（粤） GS 07384043
出票日期（大写） 年 月 日 付款行名称：
收款人： 出票人账号：

人民币（大写）	千	百	十	万	千	百	十	元	角	分

用途
上列款项请从我账户内支付
出票人签章 广东佳兴木业有限公司财务专用章 李佳胜
复核 记账

附图 4-33 支票

附图4-31 支票

附图4-32 手工开具发票

附图4-33 支票

广东省商品销售统一发票

全国统一发票监制章 广东省 国家税务总局监制

№ 1212086132

顾客名称：广东佳兴木业有限公司　　2011 年 11 月 28 日

商品品名	单位	数量	单价		金额 千	百	十	元	角	分
办公用品				超过万元无效	3	8	6	0	0	0
合计人民币（大写）	叁仟捌佰陆拾零元零角零分				3	8	6	0	0	0

第二联：发票联（报销凭证）

开票人：周联新　　收款人：黄丽虹　　收款单位

广州旗联文化用品公司 440102443246024 发票专用章

附图 4-34　普通发票

中国建设银行支票存根（粤）
GS 07384044
附加信息

出票日期　年　月　日
收款人：
金　额：
用　途：
单位主管　　会计

本支票付款期限十天

中国建设银行支票（粤）　GS 07384044

出票日期（大写）　年　月　日　付款行名称：
收款人：　出票人账号：

人民币（大写）	千	百	十	万	千	百	十	元	角	分

用途

上列款项请从我账户内支付
出票人签章　广东佳兴木业有限公司财务专用章　李佳胜

复核　　记账

附图 4-35　支票

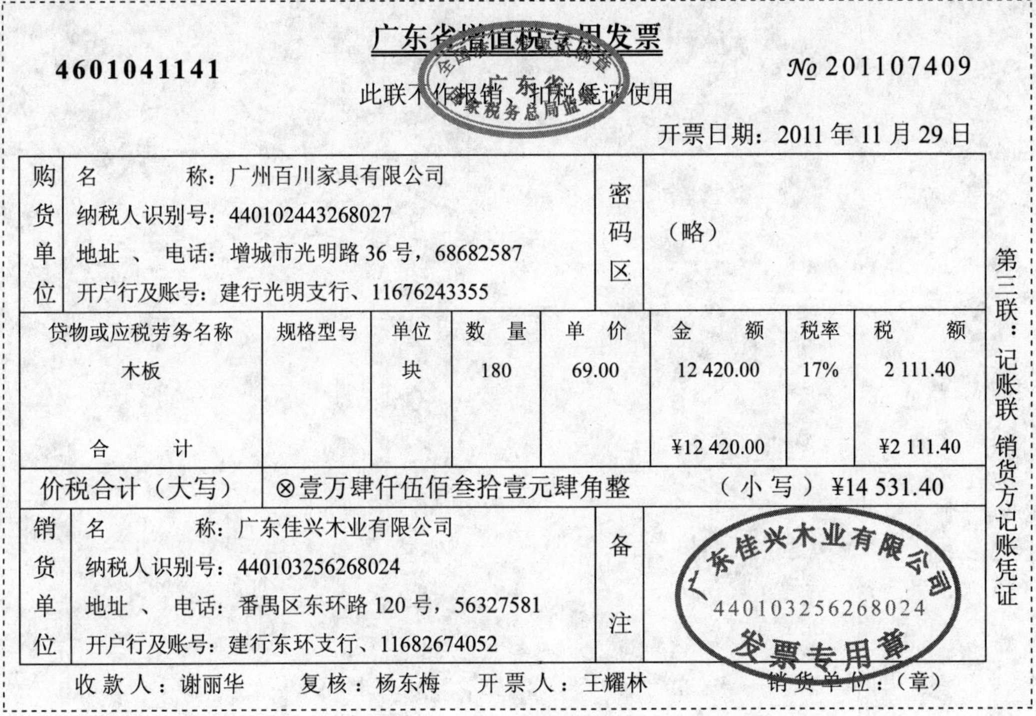

广东省增值税专用发票

4601041141　　　　№ 201107409

此联不作报销、扣税凭证使用

开票日期：2011 年 11 月 29 日

购货单位	名　　称：广州百川家具有限公司 纳税人识别号：440102443268027 地址 、 电话：增城市光明路 36 号，68682587 开户行及账号：建行光明支行、11676243355	密码区	（略）

货物或应税劳务名称	规格型号	单位	数　量	单　价	金　额	税率	税　额
木板		块	180	69.00	12 420.00	17%	2 111.40
合　计					¥12 420.00		¥2 111.40
价税合计（大写）	⊗壹万肆仟伍佰叁拾壹元肆角整				（小写）¥14 531.40		

销货单位	名　　称：广东佳兴木业有限公司 纳税人识别号：440103256268024 地址 、 电话：番禺区东环路 120 号，56327581 开户行及账号：建行东环支行、11682674052	备注	

收 款 人：谢丽华　　复 核：杨东梅　　开 票 人：王耀林　　销货单位：（章）

第三联：记账联　销货方记账凭证

附图 4-36　增值税专用发票记账联

材料出库单（财会联）

用途：销售　　　　2011年11月29日　　　　No. 21401

名称及规格	单位	请领数量	实发数量	单价	金额（元）
木板	块	180	180		

仓库主管：陈德明　　经手人：李怡华　　保管员：朱永材

附图 4-37　材料出库单

中国建设银行**支票**（粤）　　GS 08224041

本支票付款期限十天

出票日期（大写）贰零壹壹 年壹拾壹月贰拾玖日　　付款行名称：建行光明支行

收款人：广东佳兴木业有限公司　　出票人账号：11676243355

人民币（大写）	壹万肆仟伍佰叁拾壹元肆角整	千	百	十	万	千	百	十	元	角	分
				¥	1	4	5	3	1	4	0

用途　支付货款

上列款项请从
我账户内支付
出票人签章

广州百川家具有限公司财务专用章　　陈顺华

复核　　记账

附加信息：

被背书人

背书人签章

年　月　日

身份证件名称：　　发证机关：

号码

附图 4-38　转账支票

中国建设银行**进账单**　（回　单）　　1

年　月　日

出票人	全　称		收款人	全　称	
	账　号			账　号	
	开户银行			开户银行	
金额	人民币（大写）		亿 千 百 十 万 千 百 十 元 角 分		
票据种类		票据张数			
票据号码					
复核　　记账			开户银行盖章		

此联是开户银行交给持（出）票人的回单

附图 4-39　银行进账单

中国建设银行（贷款）利息清单
China Construction Bank

币别：人民币　　2011年11月30日　　单位：元

户名：广东佳兴木业有限公司			账号：11682674052		
计息项目	起息日	结息日	本金/积数	年利率	利息
短期借款	2011.10.1	2011.11.30	60 000.00	6.0%	600.00
合计（大写）	人民币陆佰元整				¥600.00
上列贷款利息，已从你单位存款账户11682674052支付。			银行签章		

会计主管　　授权　　复核　　录入

第二联：客户回单

附图4-40　利息清单

税费计算表

2011年11月30日　　单位：元

税（费）种	计税基数	税（费）率	税（费）额	备注
城市维护建设税				
教育费附加				
合计				

会计主管：范永建　　会计：杨东梅　　制单：梁芳

附图4-41　税费计算表

材料销售成本汇总表

2011年11月　　单位：元

产品名称	计量单位	销售量	单位成本	总成本
木板				
合计				

会计主管：范永建　　会计：杨东梅　　制单：梁芳

附图4-42　材料销售成本汇总表

产品销售成本汇总表

2011 年 11 月　　　　单位：元

产品名称	计量单位	销售量	单位成本	总成本
办公桌				
沙发				
合计				

会计主管：范永建　　　　会计：杨东梅　　　　制单：梁芳

附图 4-43　产品销售成本汇总表

损益类账户发生额表（结转到本年利润前）

2011 年 11 月　　　　单位：元

收入类账户	借方发生额	贷方发生额	费用类账户	借方发生额	贷方发生额
主营业务收入			主营业务成本		
其他业务收入			其他业务成本		
投资收益			营业税金及附加		
营业外收入			销售费用		
			管理费用		
			财务费用		
			营业外支出		
合计			合计		

会计主管：范永建　　　　会计：杨东梅　　　　制单：梁芳

附图 4-44　损益类账户发生额表

内部转账单

2011 年 11 月 30 日　　　　转字第 401 号

摘要	结转科目			转入科目		
	总账科目	明细科目	金额（元）	总账科目	明细科目	金额（元）
结转收入类账户	主营业务收入			本年利润		
	其他业务收入					
合计						

会计主管：范永建　　　　会计：杨东梅　　　　制单：梁芳

附图 4-45　内部转账单（一）

内部转账单

2011 年 11 月 30 日　　　　转字第 402 号

摘要	结转科目			转入科目		
	总账科目	明细科目	金额(元)	总账科目	明细科目	金额（元）
结转费用类账户	主营业务成本			本年利润		
	其他业务成本					
	营业税金及附加					
	销售费用					
	管理费用					
	财务费用					
	营业外支出					
合计						

会计主管：范永建　　会计：杨东梅　　制单：梁芳

附图 4-46　内部转账单（二）

税费计算表

2011 年 11 月 30 日　　　　单位：元

税（费）种	计税基数	税（费）率	税（费）额	备注
所得税				
合计				

会计主管：范永建　　会计：杨东梅　　制单：梁芳

附图 4-47　税费计算表

内部转账单

2011 年 11 月 30 日　　　　转字第 403 号

摘要	结转科目			转入科目		
	总账科目	明细科目	金额（元）	总账科目	明细科目	金额（元）
结转所得税费用	所得税费用			本年利润		
合计						

会计主管：范永建　　会计：杨东梅　　制单：梁芳

附图 4-48　内部转账单

广东佳兴木业有限公司股东大会决议

经股东大会一致同意，形成决议如下：

经股东大会决议批准，佳兴木业有限公司决定按税后利润的 10%提取法定盈余公积金。

广东佳兴木业有限公司

董事长：李佳[illegible]

2011 年 11 月 30 日

附图 4-49　计提盈余公积决议

法定盈余公积金计提表

2011 年 11 月 30 日　　　　单位：元

项目	计提基数	计提比例	计提金额	备注
法定盈余公积				
合计	—	—		

会计主管：范永建　　　　会计：杨东梅　　　　制单：梁芳

附图 4-50　法定盈余公积金计提表

电 汇 凭 证 （回单）　1　№ 006890501

第　　号　　　　委托日期　　　年　月　日

<table>
<tr><td rowspan="3">汇款人</td><td>全 称</td><td colspan="3"></td><td rowspan="3">收款人</td><td>全 称</td><td colspan="10"></td><td rowspan="6">此联汇出行给汇款人的回单</td></tr>
<tr><td>账 号
或住址</td><td colspan="3"></td><td>账 号
或住址</td><td colspan="10"></td></tr>
<tr><td>汇 出
地 点</td><td></td><td>汇出行
名 称</td><td></td><td>汇 入
地 点</td><td colspan="4"></td><td colspan="3">汇入行
名 称</td><td colspan="3"></td></tr>
<tr><td rowspan="2">金额</td><td rowspan="2">人民币
（大写）</td><td colspan="4" rowspan="2"></td><td>千</td><td>百</td><td>十</td><td>万</td><td>千</td><td>百</td><td>十</td><td>元</td><td>角</td><td>分</td></tr>
<tr><td></td><td></td><td></td><td></td><td></td><td></td><td></td><td></td><td></td><td></td></tr>
<tr><td colspan="6">汇款用途：
上列款项已根据委托办理，如需查询，请持此回单来行面谈</td><td colspan="11">（汇出行盖章）</td></tr>
</table>

附图 5-1　电汇凭证

中国建设银行银行本票申请书（存根）　　1

申请日期　2011 年 12 月 02 日　　第 02501 号

受款单位或个人名称　广东泰华建材有限公司　　本票号码　01456206

申请签发　本票金额（大写）肆万陆仟元整　　¥46 000.00

申请人名称　广东佳兴木业有限公司

申请人地址（或账号）11682674052

广东佳兴木业有限公司财务专用章

中国建设银行银行汇票专用章

申请人签章　银行出纳　复核　记账　验印

此联由申请人签发单位或个人留存，代替记账凭证

附图 5-2　银行本票申请书

广东省增值税专用发票

4401281287　　发票联　　No 432363051

开票日期：2011 年 12 月 5 日

购货单位	名　称：广东佳兴木业有限公司 纳税人识别号：440103256268024 地址、电话：番禺区东环路 120 号，56327581 开户行及账号：建行东环支行、11682674052				密码区	（略）		
货物或应税劳务名称	规格型号	单位	数量	单价	金额	税率	税额	
油漆		桶	210	185.0	38 850.00	17%	6 604.50	
合　计					¥38 850.00		¥6 604.50	
价税合计（大写）	肆万伍仟肆佰伍拾肆元伍角整				（小写）¥45 454.50			
销货单位	名　称：广东泰华建材有限公司 纳税人识别号：440103568268026 地址、电话：番禺区西丽南路 2 号，56637584 开户行及账号：建行西丽支行、11606313052				备注	广东泰华建材有限公司 440103568268026 发票专用章		

第二联：发票联 购货方记账凭证

收款人：张佳纯　　复核：李丽芳　　开票人：尚晓娜　　销货单位：（章）

附图 5-3　增值税专用发票

收 料 单

2011 年 12 月 5 日　　　　收字第 01501 号

材料名称	规格型号	单 位	应收数量	实收数量	金额（元）
油漆		桶	210	210	38 850.00

仓库主管：陈德明　　　　验收：李怡华　　　　收料：朱永材

附图 5-4　收料单

中国建设银行支票（粤）　　GS 13024051

出票日期（大写）贰零壹壹 年 壹拾贰 月 零陆 日　　付款行名称：建行西丽支行

收款人：广东佳兴木业有限公司　　出票人账号：11606313052

本支票付款期限十天

人民币（大写）	千	百	十	万	千	百	十	元	角	分
伍佰肆拾伍元伍角整					¥	5	4	5	5	0

用途 退回多余本票款

上列款项请从
我账户内支付
出票人签章

广东泰华建材有限公司财务专用章

刘国泰

复核　　记账

附加信息：

被背书人

背书人签章

年　月　日

身份证件名称：　　发证机关：

号码

附图 5-5　转账支票

中国建设银行进账单　（回　单）　1

年　月　日

出票人	全　称		收款人	全　称	
	账　号			账　号	
	开户银行			开户银行	
金额	人民币（大写）		亿千百十万千百十元角分		
票据种类		票据张数			
票据号码					
复核　记账			开户银行盖章		

此联是开户银行交给持（出）票人的回单

附图 5-6　银行进账单

广东省增值税专用发票

4408241741　　　　No 421061501

发　票　联

开票日期：2011 年 12 月 08 日

购货单位	名　称：广东佳兴木业有限公司 纳税人识别号：440103256268024 地址、电话：番禺区东环路 120 号，56327581 开户行及账号：建行东环支行、11682674052	密码区	（略）			
货物或应税劳务名称	规格型号	单位	数　量	单　价	金　额	税率	税　额
木条		根	3 600	16.00	57 600.00	17%	9 792.00
木板		块	1 500	67.00	100 500.00	17%	17 085.00
合　计					¥158 100.00		¥26 877.00
价税合计（大写）	壹拾捌万肆仟玖佰柒拾柒元整　（小写）¥184 977.00						
销货单位	名　称：广东利源木材工业公司 纳税人识别号：440806835268026 地址、电话：梅州市梅江路 6 号，8835542 开户行及账号：中行梅江支行、18722683058	备注	广东利源木材工业公司 440806835268026 发票专用章				

收款人：张泽林　复核：李立华　开票人：陈红娜　销货单位：（章）

第二联：发票联　购货方记账凭证

附图 5-7　增值税专用发票

电 汇 凭 证（回单）　1　No 006890502

第　号　　委托日期　年　月　日

汇款人	全称			收款人	全称								
	账号或住址				账号或住址								
	汇出地点		汇出行名称		汇入地点		汇入行名称						
金额	人民币（大写）			千	百	十	万	千	百	十	元	角	分
汇款用途：													
上列款项已根据委托办理，如需查询，请持此回单来行面谈				（汇出行盖章）									

此联汇出行给汇款人的回单

附图 5-8　电汇凭证

收　料　单

2011 年 12 月 8 日　　收字第 01502 号

材料名称	规格型号	单　位	应收数量	实收数量	金额（元）
木条		根	3 600	3 600	57 600.00
木板		块	1 500	1 500	100 500.00

仓库主管：陈德明　　验收：李怡华　　收料：朱永村

附图 5-9　收料单

广东省增值税专用发票

4601041141　　No 201107501

此联不作报销、扣税凭证使用

开票日期：　2011 年 12 月 09 日

购货单位	名　称：佛山海纳家具有限公司 纳税人识别号：440306208235036 地址、电话：顺德区河滨南路 9 号，67697282 开户行及账号：中行河滨支行、13657443031			密码区	（略）		
货物或应税劳务名称	规格型号	单位	数量	单价	金额	税率	税额
办公桌		张	200	380.00	76 000.00	17%	12 920.00
沙发		套	120	640.00	76 800.00	17%	13 056.00
合　计					¥152 800.00		¥25 976.00
价税合计（大写）	壹拾柒万捌仟柒佰柒拾陆元整　（小写）¥178 776.00						
销货单位	名　称：广东佳兴木业有限公司 纳税人识别号：440103256268024 地址、电话：番禺区东环路 120 号，56327581 开户行及账号：建行东环支行、11682674052				备注	广东佳兴木业有限公司 440103256268024 发票专用章	

收款人：谢丽华　复核：杨东梅　开票人：王耀林　销货单位：（章）

第三联：记账联　销货方记账凭证

附图 5-10　增值税专用发票记账联

产品出库单

2011 年 12 月 9 日　　　　　　　　第　1501 号

产品名称	规　　格	型　　号	单　　位	数　　量	单位成本	金额（元）
办公桌			张	200		
沙发			套	120		

仓库主管：陈德明　　复核：杨东梅　　发货：朱永村　　制单：梁芳

附图 5-11　产品出库单

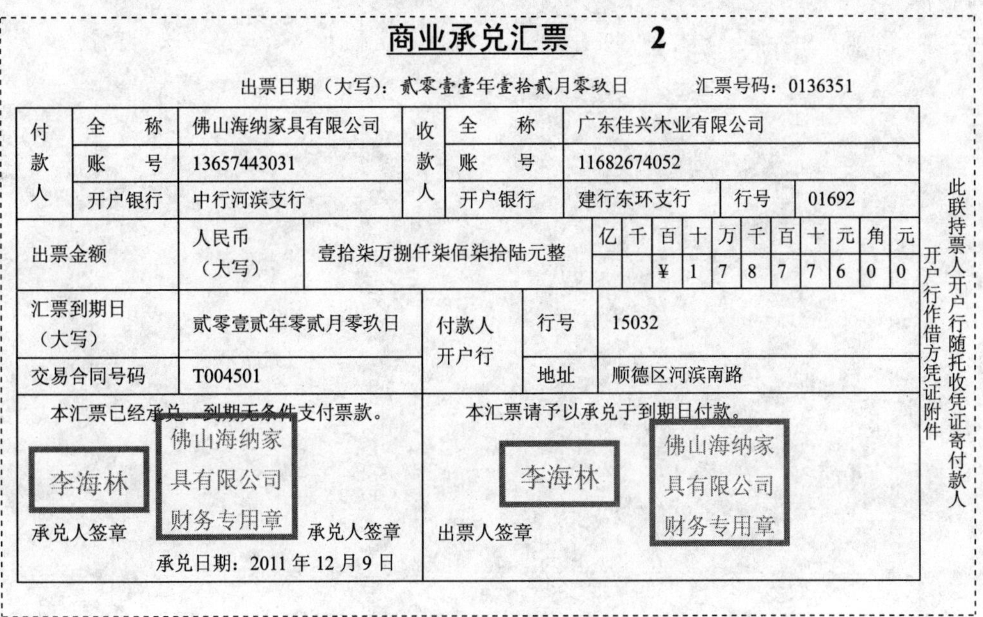

商业承兑汇票　　2

出票日期（大写）：贰零壹壹年壹拾贰月零玖日　　汇票号码：0136351

付款人	全　称	佛山海纳家具有限公司	收款人	全　称	广东佳兴木业有限公司	
	账　号	13657443031		账　号	11682674052	
	开户银行	中行河滨支行		开户银行	建行东环支行	行号 01692
出票金额	人民币（大写）	壹拾柒万捌仟柒佰柒拾陆元整		亿 千 百 十 万 千 百 十 元 角 元	¥ 1 7 8 7 7 6 0 0	
汇票到期日（大写）	贰零壹贰年零贰月零玖日		付款人开户行	行号	15032	
交易合同号码	T004501			地址	顺德区河滨南路	

本汇票已经承兑，到期无条件支付票款。

李海林　　佛山海纳家具有限公司财务专用章

承兑人签章　　承兑人签章

承兑日期：2011 年 12 月 9 日

本汇票请予以承兑于到期日付款。

李海林　　佛山海纳家具有限公司财务专用章

出票人签章

此联持票人开户行随托收凭证寄付款人开户行作借方凭证附件

附图 5-12　商业承兑汇票

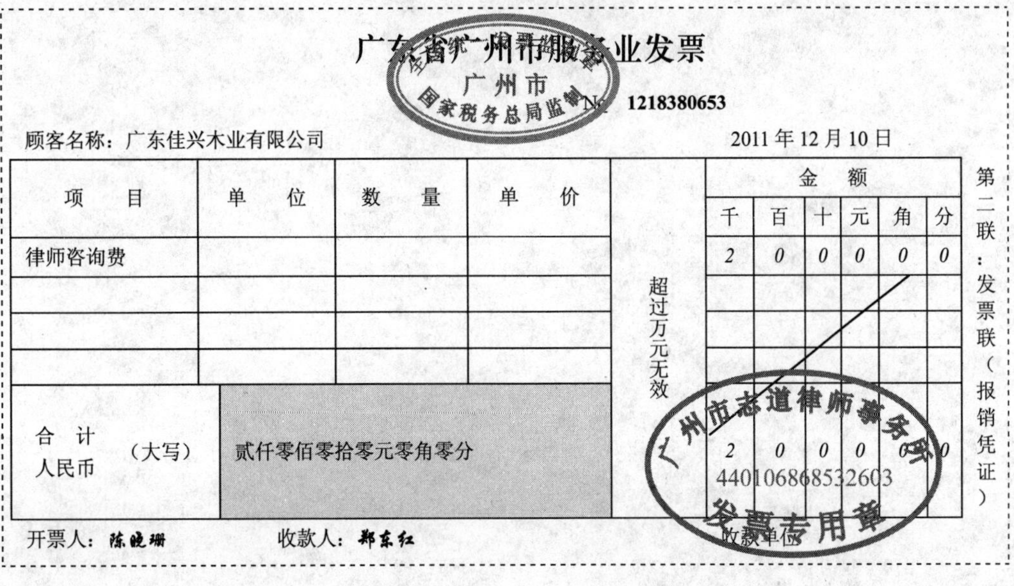

广东省广州市服务业发票

广州市　国家税务总局监制

No. 1218380653

顾客名称：广东佳兴木业有限公司　　　　2011 年 12 月 10 日

项　目	单　位	数　量	单　价	金额 千	百	十	元	角	分
律师咨询费				2	0	0	0	0	0
合计人民币（大写）	贰仟零佰零拾零元零角零分			2	0	0	0	0	0

超过万元无效

第二联：发票联（报销凭证）

开票人：陈晓珊　　收款人：郑东红　　收款单位

广州市志道律师事务所　440106868532603　发票专用章

附图 5-13　广东省广州市服务业发票

中国建设银行支票存根（粤） GS 07384051 附加信息 出票日期　年　月　日 收款人： 金　额： 用　途： 单位主管　会计	本支票付款期限十天	中国建设银行　支票（粤）　GS 07384051 出票日期（大写）　年　月　日　付款行名称： 收款人：　出票人账号： 人民币（大　写）　千 百 十 万 千 百 十 元 角 分 用途 上列款项请从我账户内支付 出票人签章　广东佳兴木业有限公司财务专用章　李佳胜　复核　记账

附图 5-14　支票

领　料　单

用途：生产办公桌　2011 年 12 月 11 日　领字第 00531 号

材料名称	规格型号	单　位	请领数量	实发数量	金额（元）
木条		根	1 530	1 530	
木板		块	564	564	
油漆		桶	42	42	

仓库主管：陈德明　复核：杨东梅　发料：朱永材　制单：梁芳

附图 5-15　领料单（一）

领　料　单

用途：生产沙发　2011 年 12 月 11 日　领字第 00532 号

材料名称	规格型号	单　位	请领数量	实发数量	金额（元）
木条		根	1 136	1 136	
木板		块	456	456	
油漆		桶	32	32	

仓库主管：陈德明　复核：杨东梅　发料：朱永材　制单：梁芳

附图 5-16　领料单（二）

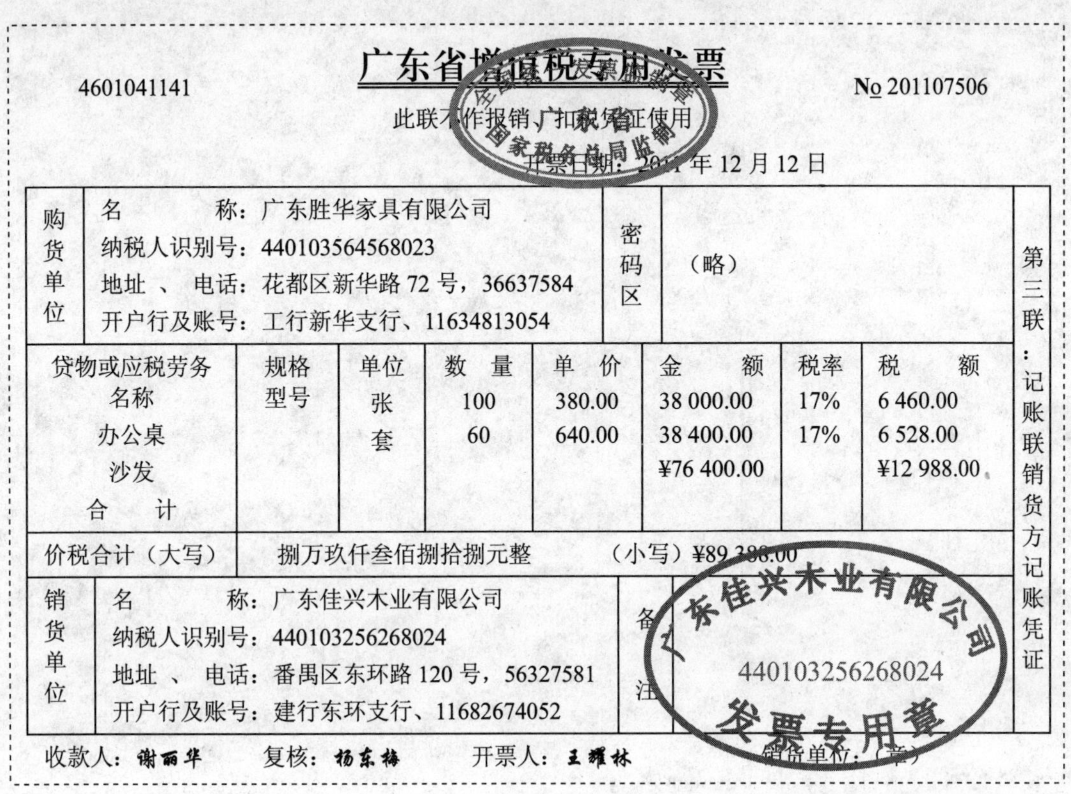

广东省增值税专用发票

4601041141　　　　No 201107506

此联不作报销、扣税凭证使用

开票日期：2011 年 12 月 12 日

购货单位	名　　称：广东胜华家具有限公司 纳税人识别号：440103564568023 地址 、 电话：花都区新华路 72 号，36637584 开户行及账号：工行新华支行、11634813054	密码区	（略）

货物或应税劳务名称	规格型号	单位	数　量	单　价	金　额	税率	税　额
办公桌		张	100	380.00	38 000.00	17%	6 460.00
沙发		套	60	640.00	38 400.00	17%	6 528.00
合　计					¥76 400.00		¥12 988.00
价税合计（大写）	捌万玖仟叁佰捌拾捌元整　　（小写）¥89 388.00						

销货单位	名　　称：广东佳兴木业有限公司 纳税人识别号：440103256268024 地址 、 电话：番禺区东环路 120 号，56327581 开户行及账号：建行东环支行、11682674052	备注	广东佳兴木业有限公司 440103256268024 发票专用章

第三联：记账联　销货方记账凭证

收款人：谢丽华　　复核：杨东梅　　开票人：王耀林　　销货单位：（章）

附图 5-17　增值税专用发票记账联

产品出库单

2011 年 12 月 12 日　　　　第 1502 号

产品名称	规　　格	型　　号	单　　位	数　　量	单位成本	金额（元）
办公桌			张	100		
沙发			套	60		

仓库主管：陈德明　　复核：杨东梅　　发货：朱永村　　制单：梁芳

附图 5-18　产品出库单

中国工商银行支票（粤）　　GS 07024051

出票日期（大写）贰零壹壹 年壹拾贰月壹拾贰日　　付款行名称：工行新华支行

收款人：广东佳兴木业有限公司　　出票人账号：11634813054

本支票付款期限十天

人民币（大写）	千	百	十	万	千	百	十	元	角	分
捌万玖仟叁佰捌拾捌元整			¥	8	9	3	8	8	0	0

用途　支付货款

上列款项请从

我账户内支付

出票人签章

广东胜华家具有限公司财务专用章

王德胜

复核　　记账

附加信息：

被背书人

背书人签章

年　月　日

身份证件名称：　　发证机关：

号码

附图 5-19　转账支票

中国建设银行进账单　（回　单）　1

年　月　日

出票人		收款人	
全　称		全　称	
账　号		账　号	
开户银行		开户银行	

金额	人民币（大写）	亿	千	百	十	万	千	百	十	元	角	分

票据种类　　票据张数

票据号码

复核　　记账

开户银行盖章

此联是开户银行交给持（出）票人的回单

附图 5-20　银行进账单

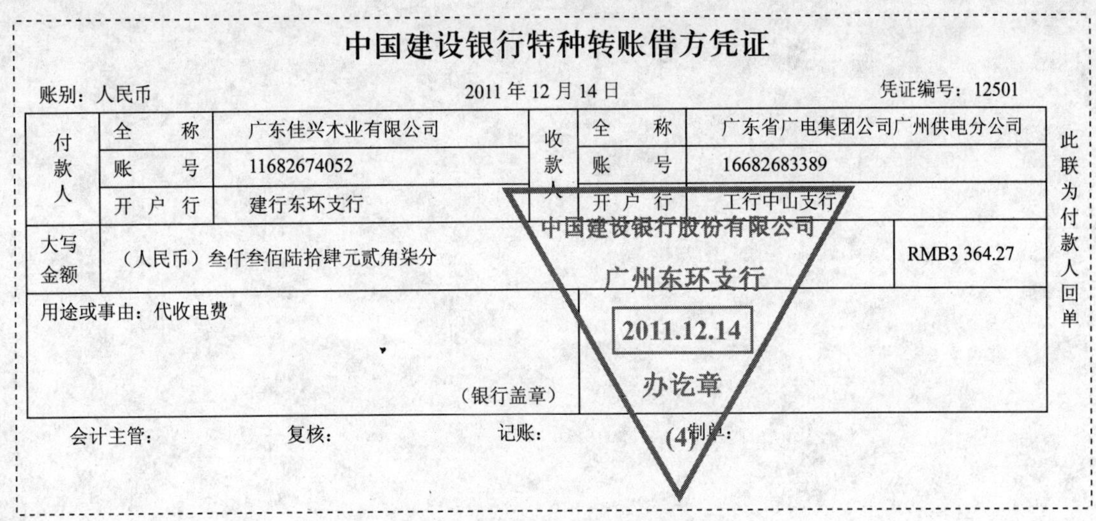

中国建设银行特种转账借方凭证

账别：人民币　　2011 年 12 月 14 日　　凭证编号：12501

付款人	全　称	广东佳兴木业有限公司	收款人	全　称	广东省广电集团公司广州供电分公司
	账　号	11682674052		账　号	16682683389
	开户行	建行东环支行		开户行	工行中山支行
大写金额	（人民币）叁仟叁佰陆拾肆元贰角柒分				RMB3 364.27
用途或事由：代收电费					
（银行盖章）					

此联为付款人回单

中国建设银行股份有限公司 广州东环支行 2011.12.14 办讫章 (4)

会计主管：　复核：　记账：　制单：

附图 5-21　特种转账借方凭证

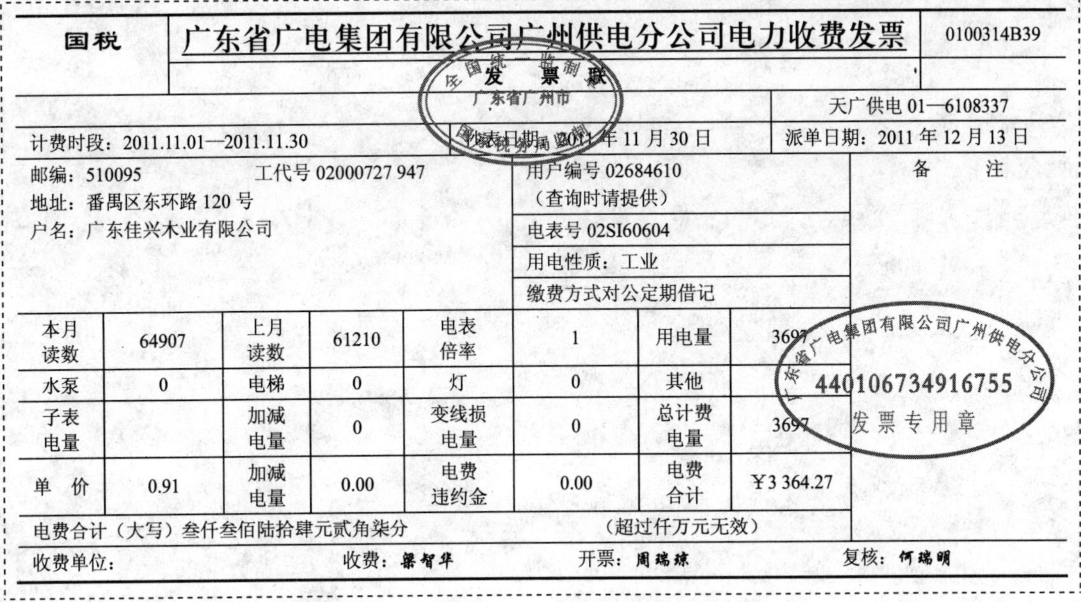

国税　广东省广电集团有限公司广州供电分公司电力收费发票　0100314B39

全国统一监制 发票联 广东省广州市 国家税务局

天广供电 01—6108337

计费时段：2011.11.01—2011.11.30　抄表日期：2011 年 11 月 30 日　派单日期：2011 年 12 月 13 日

邮编：510095　工代号 02000727 947　用户编号 02684610（查询时请提供）　备　注

地址：番禺区东环路 120 号　电表号 02SI60604

户名：广东佳兴木业有限公司　用电性质：工业

缴费方式对公定期借记

本月读数	64907	上月读数	61210	电表倍率	1	用电量	3697
水泵	0	电梯	0	灯	0	其他	
子表电量		加减电量	0	变线损电量	0	总计费电量	3697
单　价	0.91	加减电量	0.00	电费违约金	0.00	电费合计	￥3 364.27

电费合计（大写）叁仟叁佰陆拾肆元贰角柒分　（超过仟万元无效）

收费单位：　收费：梁智华　开票：周瑞琼　复核：何瑞明

广东省广电集团有限公司广州供电分公司 440106734916755 发票专用章

附图 5-22　电费发票

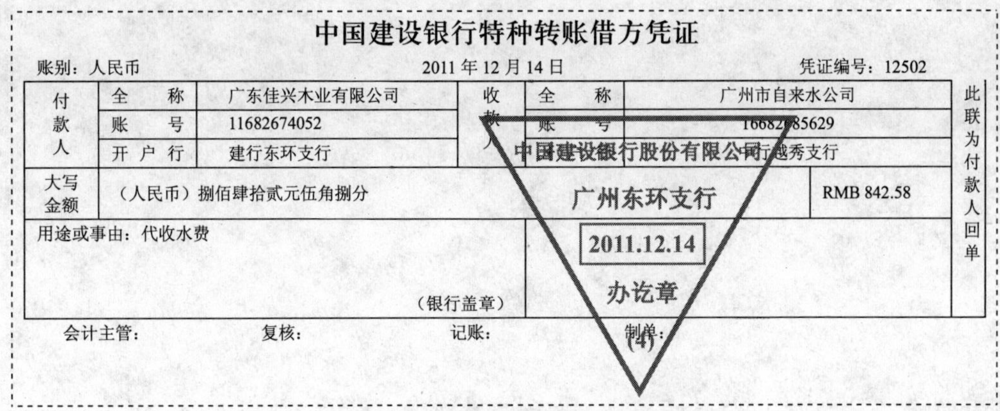

中国建设银行特种转账借方凭证

账别：人民币　　2011 年 12 月 14 日　　凭证编号：12502

付款人	全　称	广东佳兴木业有限公司	收款人	全　称	广州市自来水公司	
	账　号	11682674052		账　号	16682785629	
	开户行	建行东环支行		开户行	建行越秀支行	
大写金额	（人民币）捌佰肆拾贰元伍角捌分					RMB 842.58
用途或事由：代收水费		（银行盖章）				

会计主管：　复核：　记账：　制单：

此联为付款人回单

中国建设银行股份有限公司　广州东环支行　2011.12.14　办讫章　(4)

附图 5-23　特种转账借方凭证

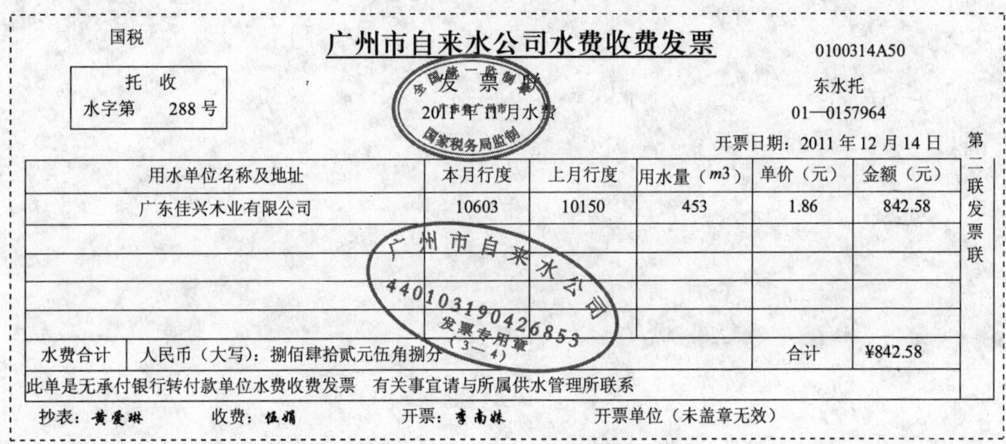

国税

广州市自来水公司水费收费发票

0100314A50

托　收
水字第　288 号

全国统一发票监制章　国家税务局监制

2011 年 11 月水费

东水托
01—0157964

开票日期：2011 年 12 月 14 日

用水单位名称及地址	本月行度	上月行度	用水量（m3）	单价（元）	金额（元）
广东佳兴木业有限公司	10603	10150	453	1.86	842.58
水费合计	人民币（大写）：捌佰肆拾贰元伍角捌分			合计	¥842.58

此单是无承付银行转付款单位水费收费发票　有关事宜请与所属供水管理所联系

抄表：黄爱琳　收费：伍娟　开票：李南妹　开票单位（未盖章无效）

第二联发票联

广州市自来水公司　440103190426853　发票专用章　（3—4）

附图 5-24　水费发票

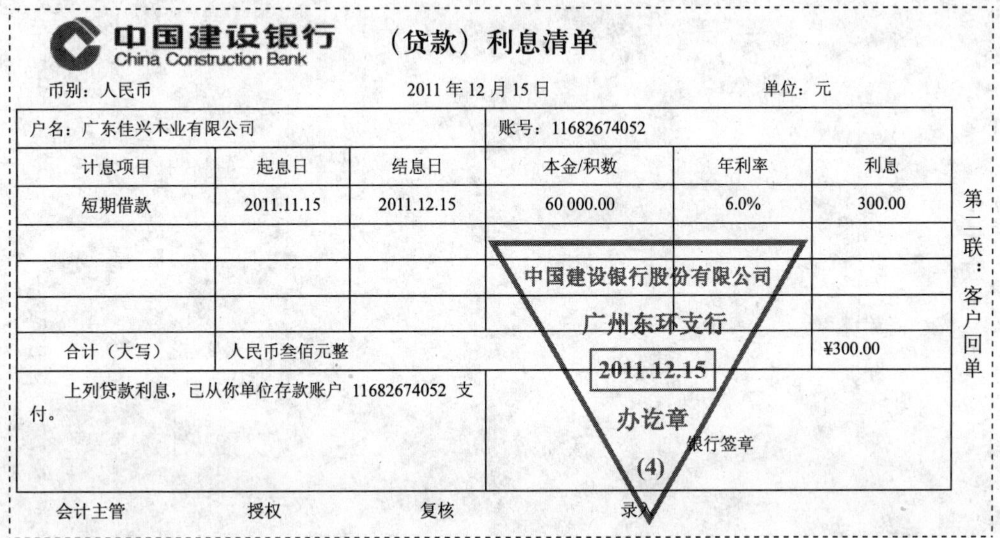

中国建设银行 China Construction Bank　（贷款）利息清单

币别：人民币　　2011 年 12 月 15 日　　单位：元

户名：广东佳兴木业有限公司			账号：11682674052		
计息项目	起息日	结息日	本金/积数	年利率	利息
短期借款	2011.11.15	2011.12.15	60 000.00	6.0%	300.00
合计（大写）	人民币叁佰元整				¥300.00
上列贷款利息，已从你单位存款账户 11682674052 支付。			银行签章		

会计主管　授权　复核　录入

第二联：客户回单

中国建设银行股份有限公司　广州东环支行　2011.12.15　办讫章　(4)

附图 5-25　利息清单

委托买入交割单

买卖类别：买入	成交日期：2011.12.16
股东代码：02845865	股东姓名：佳兴木业公司
证券代码：000733	合同号码：0054392
证券名称：振华科技	委托时间：13:45:20
成交号码：00535123	成交时间：13:46:23
成交价格：11.53	上次余额：0 股
成交股数：5 000	本次余额：5 000 股
成交金额：57 650.00	手续费：36.50
过户费：50.00	印花税：0.00
其他收费：0.00	收付金额：57 736.50

广发证券股份有限公司 广州番禺营业部 2011.12.16 结算章 (1)

附图 5-26　委托买入交割单

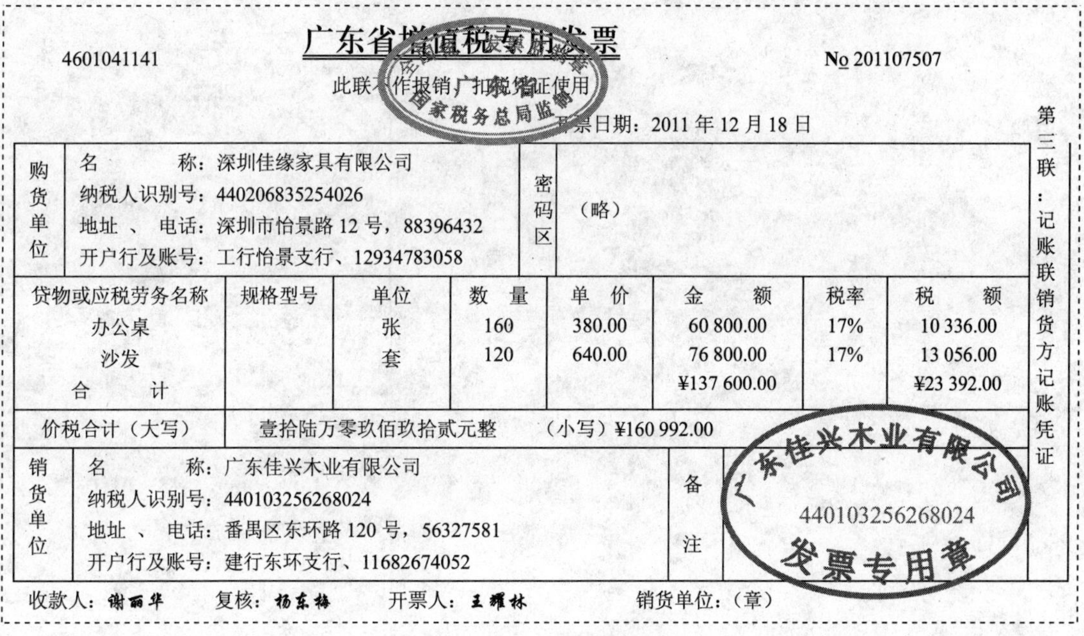

广东省增值税专用发票

4601041141　　　　No 201107507

此联不作报销、扣税凭证使用

开票日期：2011 年 12 月 18 日

购货单位	名　　称：深圳佳缘家具有限公司 纳税人识别号：440206835254026 地址 、 电话：深圳市怡景路 12 号，88396432 开户行及账号：工行怡景支行、12934783058	密码区	（略）

货物或应税劳务名称	规格型号	单位	数量	单价	金额	税率	税额
办公桌		张	160	380.00	60 800.00	17%	10 336.00
沙发		套	120	640.00	76 800.00	17%	13 056.00
合　　计					¥137 600.00		¥23 392.00
价税合计（大写）	壹拾陆万零玖佰玖拾贰元整　　（小写）¥160 992.00						

销货单位	名　　称：广东佳兴木业有限公司 纳税人识别号：440103256268024 地址 、 电话：番禺区东环路 120 号，56327581 开户行及账号：建行东环支行、11682674052	备注	广东佳兴木业有限公司 440103256268024 发票专用章

第三联：记账联 销货方记账凭证

收款人：谢丽华　　复核：杨东梅　　开票人：王耀林　　销货单位：（章）

附图 5-27　增值税专用发票记账联

产品出库单

2011 年 12 月 18 日　　　　第 1503 号

产品名称	规格	型号	单位	数量	单位成本	金额（元）
办公桌			张	160		
沙发			套	120		

仓库主管：陈德明　　复核：杨东梅　　发货：朱永村　　制单：梁芳

附图 5-28　产品出库单

贴现凭证（收账通知）

2011 年 12 月 19 日　　凭证编号：008347

<table>
<tr><td rowspan="3">申请人</td><td>全　称</td><td colspan="2">广东佳兴木业有限公司</td><td rowspan="3">贴现汇票</td><td>种类</td><td colspan="2">商业承兑汇票</td><td rowspan="8">此联是贴现银行交贴现申请单位的收账通知</td></tr>
<tr><td>账号地址</td><td colspan="2">11682674052</td><td>出票日</td><td colspan="2">2011 年 12 月 09 日</td></tr>
<tr><td>开户银行</td><td colspan="2">建行东环支行</td><td>到期日</td><td colspan="2">2012 年 02 月 09 日</td></tr>
<tr><td>汇票金额</td><td>人民币（大写）</td><td colspan="4">壹拾柒万捌仟柒佰柒拾陆元整</td><td>千 百 十 万 千 百 十 元 角 分
¥ 1 7 8 7 7 6 0 0</td></tr>
<tr><td>年贴现率</td><td>4.5%</td><td>贴现利息</td><td>¥1 162.04</td><td colspan="2">贴现金额</td><td>¥177 613.96</td></tr>
<tr><td colspan="3">汇票承兑人：佛山海纳家具公司</td><td>开户行</td><td colspan="2">佛山中行河滨支行</td><td>账号　13657443031</td></tr>
<tr><td colspan="7">备注：贴现款已存入你单位账户。
银行盖章：
2011 年 12 月 19 日
科目（付）
对方科目（收）
复 核　　记 账</td></tr>
</table>

中国建设银行股份有限公司
广州东环支行
2011.12.19
办讫章
(4)

附图 5-29　贴现凭证收账通知

领　料　单

用途：生产办公桌　　2011 年 12 月 20 日　　领字第 00533 号

材料名称	规格型号	单　位	请领数量	实发数量	金额（元）
木条		根	612	612	
木板		块	320	320	
油漆		桶	72	72	

仓库主管：陈德明　　复核：杨东梅　　发料：朱永材　　制单：梁芳

附图 5-30　领料单（一）

领　料　单

用途：生产沙发　　2011 年 12 月 20 日　　领字第 00534 号

材料名称	规格型号	单　位	请领数量	实发数量	金额（元）
木条		根	420	420	
木板		块	162	162	
油漆		桶	50	50	

仓库主管：陈德明　　复核：杨东梅　　发料：朱永材　　制单：梁芳

附图 5-31　领料单（二）

广东省增值税专用发票

4401541282 №465363051

开票日期：2011年12月22日

<table>
<tr><td rowspan="4">购货单位</td><td colspan="5">名　　称：广东佳兴木业有限公司
纳税人识别号：440103256268024
地址、电话：番禺区东环路120号，56327581
开户行及账号：建行东环支行、11682674052</td><td>密码区</td><td colspan="2">（略）</td></tr>
<tr><td colspan="2">货物或应税劳务名称</td><td>规格型号</td><td>单位</td><td>数量</td><td>单价</td><td>金额</td><td>税率</td><td>税额</td></tr>
<tr><td colspan="2">锯木机</td><td></td><td>台</td><td>1</td><td>86 000.00</td><td>86 000.00</td><td>17%</td><td>14 620.00</td></tr>
<tr><td colspan="2">合　计</td><td></td><td></td><td></td><td></td><td>¥86 000.00</td><td></td><td>¥14 620.00</td></tr>
<tr><td colspan="2">价税合计（大写）</td><td colspan="7">壹拾万零陆佰贰拾元整　　（小写）¥100 620.00</td></tr>
<tr><td>销货单位</td><td colspan="5">名　　称：广州福林机械有限公司
纳税人识别号：440105307268034
地址、电话：芳村区芳村大道2号，83682585
开户行及账号：工行芳村支行、11629413054</td><td>备注</td><td colspan="2">广州福林机械有限公司
440105307268034
发票专用章</td></tr>
</table>

第二联：发票联购货方记账凭证

收款人：刘丽纯　复核：陈丽芳　开票人：林娜　销货单位：（章）

附图 5-32　增值税专用发票

中国建设银行支票存根（粤）

GS 07384052

附加信息

出票日期　年　月　日

收款人：

金　额：

用　途：

单位主管　会计

本支票付款期限十天

中国建设银行支票（粤）　GS 07384052

出票日期（大写）　年　月　日　付款行名称：

收款人：　出票人账号：

人民币（大写）	千	百	十	万	千	百	十	元	角	分

用途

上列款项请从我账户内支付

出票人签章

广东佳兴木业有限公司财务专用章　李佳胜

复核　记账

附图 5-33　支票

固定资产验收单

验收日期 2011 年 12 月 22 日　　　　编号：00501

<table>
<tr><td rowspan="13">固定资产管理部门</td><td>项目名称</td><td>锯木机</td><td>电动机</td><td></td><td></td><td></td></tr>
<tr><td>型　号</td><td></td><td>总功率</td><td></td><td></td><td></td></tr>
<tr><td>规　格</td><td></td><td>出厂编号</td><td></td><td>出厂日期</td><td>2011.12.22</td></tr>
<tr><td>制造厂</td><td>广州福林机械有限公司</td><td>自重量</td><td></td><td>始用日期</td><td>2011.12.22</td></tr>
<tr><td>尺　寸</td><td></td><td>使用部门</td><td>家具车间</td><td>施工工号</td><td></td></tr>
<tr><td colspan="6">随机附件</td></tr>
<tr><td>名称</td><td>型号规格</td><td>数量</td><td>名称</td><td>型号规格</td><td>数量</td></tr>
<tr><td></td><td></td><td></td><td></td><td></td><td></td></tr>
<tr><td></td><td></td><td></td><td></td><td></td><td></td></tr>
<tr><td>说明书</td><td></td><td>装箱单</td><td></td><td>图纸</td><td></td></tr>
<tr><td>合格证</td><td></td><td>精度单</td><td></td><td>资料验收人</td><td></td></tr>
<tr><td>设备类别</td><td colspan="2"></td><td>使用年限</td><td colspan="2"></td></tr>
<tr><td>精度等级</td><td colspan="2"></td><td>分类划级</td><td colspan="2"></td></tr>
<tr><td rowspan="2">财务部门</td><td>设备费用</td><td colspan="2">86 000 元</td><td>安装及其他费</td><td colspan="2"></td></tr>
<tr><td>原值合计</td><td colspan="2">86 000 元</td><td>资产来源</td><td colspan="2">购入</td></tr>
<tr><td>验收意见</td><td colspan="6">验收合格
验收人：李怡华</td></tr>
<tr><td>部门签名</td><td>使用部门</td><td>周利元</td><td>固定资产管理部门</td><td>陈德明</td><td>财务部门</td><td>范永建</td></tr>
</table>

附图 5-34　固定资产验收单

领　料　单

用途：管理部门领用　　2011 年 12 月 25 日　　领字第 00535 号

材料名称	规格型号	单　位	请领数量	实发数量	金额（元）
油漆		桶	8	8	

仓库主管：陈德明　　复核：杨东梅　　发料：朱永材　　制单：梁芳

附图 5-35　领料单

领　料　单

用途：车间一般耗用　　2011 年 12 月 25 日　　领字第 00536 号

材料名称	规格型号	单　位	请领数量	实发数量	金额（元）
油漆		桶	10	10	

仓库主管：陈德明　　复核：杨东梅　　发料：朱永材　　制单：梁芳

附图 5-36　领料单

广东省增值税专用发票

4601041141　　　№ 201107508

此联不作报销、扣税凭证使用

开票日期：2011 年 12 月 26 日

第三联：记账联　销货方记账凭证

购货单位	名　　称：广州百川家具有限公司 纳税人识别号：440102443268027 地址、电话：增城市光明路 36 号，68682587 开户行及账号：建行光明支行、11676243355			密码区	（略）		
货物或应税劳务名称	规格型号	单位	数量	单价	金额	税率	税额
办公桌		张	86	380.00	32680.00	17%	5555.60
沙发		套	80	640.00	51200.00	17%	8704.00
合　计					￥83880.00		￥14259.60
价税合计（大写）	⊗玖万捌仟壹佰叁拾玖元陆角整			（小写）￥98139.60			
销货单位	名　　称：广东佳兴木业有限公司 纳税人识别号：440103256268024 地址、电话：番禺区东环路 120 号，56327581 开户行及账号：建行东环支行、11682674052			备　注	广东佳兴木业有限公司 440103256268024 发票专用章		

收款人：谢丽华　　复核：杨东梅　　开票人：王耀林　　销货单位：（章）

附图 5-37　增值税专用发票记账联

产品出库单

2011 年 12 月 26 日　　　第 1504 号

产品名称	规　格	型　号	单　位	数　量	单位成本	金额（元）
办公桌			张	86		
沙发			套	80		

仓库主管：陈德明　　复核：杨东梅　　发货：朱永材　　制单：梁芳

附图 5-38　产品出库单

中国建设银行支票（粤）　　GS 08224051

出票日期（大写）贰零壹壹 年壹拾贰月贰拾陆日　　付款行名称：建行光明支行

收款人：广东佳兴木业有限公司　　出票人账号：11676243355

本支票付款期限十天

人民币（大写）	玖万捌仟壹佰叁拾玖元陆角整	千	百	十	万	千	百	十	元	角	分
				￥	9	8	1	3	9	6	0

用途　支付货款

上列款项请从

我账户内支付

出票人签章

广州百川家具有限公司财务专用章　　陈顺华

复核　　记账

附加信息：

被背书人

身份证件名称：　　发证机关：

号码

背书人签章

年　月　日

附图 5-39　转账支票

中国建设银行进账单 （回单） 1

年 月 日

出票人	全 称		收款人	全 称	
	账 号			账 号	
	开户银行			开户银行	
金额	人民币（大写）			亿 千 百 十 万 千 百 十 元 角 分	
票据种类		票据张数			
票据号码					
复核		记账		开户银行盖章	

此联是开户银行交给持（出）票人的回单

附图 5-40 银行进账单

销售退回审批单

2011 年 12 月 27 日 单位：元

购 买 单 位	广州百川家具有限公司		销售退回原因	其中 3 张办公桌不符合质量要求	
商 品 名 称	销 售 时 间	销 售 数 量	价 税 金 额	退 回 价 款	增 值 税 额
办公桌	2011.12.26	86 张	38 235.60	1 140.00	193.80
沙发	2011.12.26	80 套	59 904.00		
合 计	—	—	¥98139.60	¥1 140.00	¥193.80

会计主管：范永建 销售主管：王裕峰 制表：梁芳

附图 5-41 销售退回审批单

开具红字增值税专用发票通知单

填开日期：2011 年 12 月 27 日 No.0132543

销售方	名称	广东佳兴木业公司	购买方	名称	广州百川家具公司
	税务登记号	440103256268024		税务登记号	440102443268027
开具红字发票内容	货物名称	单价	数量	金额	税额
	办公桌	380.00	3	1 140.00	193.80
	合计			¥1 140.00	¥193.80
说明	需要作进项税额转出☑ 不需要作进项税额转出□ 纳税人识别号认证不符□ 专用发票代码、号码认证不符□ 对应蓝字专用发票密码区打印的代码 开具红字专用发票的理由： 其中 2 张办公桌不符合质量要求，提出退货要求，双方已达成退货协议。				广州市国家税务局增城分局 税务征收机关盖章

经办人：朱敏芳 负责人：林晓涛 主管税务机关（印章）：

附图 5-42 开具红字增值税专用发票通知单

4601041141

广东省增值税专用发票

№201107509

此联不作报销、扣税凭证使用

开票日期：2011 年 12 月 27 日

第三联：记账联 销货方记账凭证

购货单位	名　　称：广州百川家具有限公司 纳税人识别号：440102443268027 地址、电话：增城市光明路 36 号，68682587 开户行及账号：建行光明支行、11676243355	密码区	（略）

货物或应税劳务名称	规格型号	单　位	数　量	单　价	金　额	税　率	税　额
办公桌		张	−3	380.00	−1 140.00	17%	−193.80
合　计					¥−1 140.00		¥−193.80
价税合计（大写）	⊗壹仟叁佰叁拾叁元捌角整（负数）		（小写）¥−1333.80				

销货单位	名　　称：广东佳兴木业有限公司 纳税人识别号：440103256268024 地址、电话：番禺区东环路 120 号，56327581 开户行及账号：建行东环支行、11682674052	备　注	

收款人：谢丽华　　复核：杨东梅　　开票人：王耀林　　销货单位：（章）

附图 5-43　增值税专用发票记账联

退回产品入库单

2011 年 12 月 27 日　　第 1051 号

产品名称	规　格	型　号	单　位	数　量	单　价	金额（元）
办公桌			张	3		

仓库主管：陈德明　　复核：杨东梅　　验收：李怡华　　制单：朱永材

附图 5-44　退回产品入库单

中国建设银行支票存根（粤）

GS 07384053

附加信息

出票日期　年　月　日

收款人：

金　额：

用　途：

单位主管　会计

本支票付款期限十天

中国建设银行支票（粤）　GS 07384053

出票日期（大写）　年　月　日　付款行名称：

收款人：　出票人账号：

人民币（大写）	千	百	十	万	千	百	十	元	角	分

用途

上列款项请从我账户内支付

出票人签章　广东佳兴木业有限公司财务专用章　李佳胜

复核　记账

附图 5-45　支票

广东省接受社会捐赠专用收据

2011 年 12 月 28 日

捐赠者	广东佳兴木业有限公司			货币种类	人民币
捐赠项目	希望工程捐款				
项目（现款或实物）	单　位	规　格	数　量	单　价	金额（元）
现款					10 000.00
合计（大写）	零佰零拾壹万零仟零佰零拾零元零角零分（¥10 000.00）				

第二联　收据

收款人：陈海燕　开票人：张丽纯　收费单位（盖章）：广东希望工程管理办公室

附图 5-46　广东省接受社会捐赠专用收据

中国建设银行支票存根（粤）

GS 07384054

附加信息

出票日期　年　月　日

收款人：

金　额：

用　途：

单位主管　会计

本支票付款期限十天

中国建设银行支票（粤）　GS 07384054

出票日期（大写）　年　月　日　付款行名称：

收款人：　出票人账号：

人民币（大写）	千	百	十	万	千	百	十	元	角	分

用途

上列款项请从我账户内支付

出票人签章　广东佳兴木业有限公司财务专用章　李佳胜

复核　记账

附图 5-47　支票

广东省增值税专用发票

4601041141　　　№ 201107510

此联不作报销、扣税凭证使用

开票日期：2011 年 12 月 29 日

购货单位	名　称：广东胜华家具有限公司 纳税人识别号：440103564568023 地址、电话：花都区新华路 72 号，36637584 开户行及账号：工行新华支行、11634813054	密码区	（略）				
货物或应税劳务名称	规格型号	单位	数量	单价	金额	税率	税额
木条		根	260	18.00	4 680.00	17%	795.60
合　计					¥4 680.00		¥795.60
价税合计（大写）	⊗伍仟肆佰柒拾伍元陆角整　（小写）¥5 475.60						
销货单位	名　称：广东佳兴木业有限公司 纳税人识别号：440103256268024 地址、电话：番禺区东环路 120 号，56327581 开户行及账号：建行东环支行、11682674052	备注	广东佳兴木业有限公司 440103256268024 发票专用章				

收款人：谢丽华　　复核：杨东梅　　开票人：王耀林　　销货单位（章）

第三联：记账联　销货方记账凭证

附图 5-48　增值税专用发票记账联

材料出库单（财会联）

用途：销售　　2011年12月29日　　No：21501

名称及规格	单　位	请领数量	实发数量	单　价	金额（元）
木条	根	260	260		

仓库主管：陈德明　　经手人：李怡华　　保管员：朱永材

附图 5-49　材料出库单

中国工商银行支票（粤）

GS 07024052

本支票付款期限十天

出票日期（大写）贰零壹壹 年壹拾贰月贰拾玖日　　付款行名称：工行新华支行

收款人：广东佳兴木业有限公司　　出票人账号：11634813054

人民币（大写）	千	百	十	万	千	百	十	元	角	分
伍仟肆佰柒拾伍元陆角整				¥	5	4	7	5	6	0

用途　支付货款

上列款项请从
我账户内支付
出票人签章

广东胜华家具有限公司财务专用章　　王德胜

复核　　记账

附加信息：

被背书人

背书人签章

年　月　日

身份证件名称：　　发证机关：

号码

附图 5-50　转账支票

中国建设银行进账单 （回单） 1

年 月 日

<table>
<tr><td rowspan="3">出票人</td><td>全 称</td><td></td><td rowspan="3">收款人</td><td>全 称</td><td colspan="11"></td></tr>
<tr><td>账 号</td><td></td><td>账 号</td><td colspan="11"></td></tr>
<tr><td>开户银行</td><td></td><td>开户银行</td><td colspan="11"></td></tr>
<tr><td rowspan="2">金额</td><td rowspan="2" colspan="4">人民币
（大写）</td><td>亿</td><td>千</td><td>百</td><td>十</td><td>万</td><td>千</td><td>百</td><td>十</td><td>元</td><td>角</td><td>分</td></tr>
<tr><td></td><td></td><td></td><td></td><td></td><td></td><td></td><td></td><td></td><td></td><td></td></tr>
<tr><td colspan="2">票据种类</td><td></td><td>票据张数</td><td></td><td colspan="11" rowspan="3">开户银行盖章</td></tr>
<tr><td colspan="2">票据号码</td><td colspan="3"></td></tr>
<tr><td colspan="5">复核 记账</td></tr>
</table>

此联是开户银行交给持（出）票人的回单

附图 5-51 银行进账单

折旧计算表

2011 年 12 月 31 日 单位：元

固定资产类型	固定资产价值	月折旧率	月折旧额
生产用固定资产	3 168 000	0.75%	23 760.00
非生产用固定资产	1 094 000	0.65%	7 111.00
合计	4 262 000	-	30 871.00

会计主管：范永建 复核：杨东梅 制表：谢丽华

附图 5-52 折旧计算表

工资结算汇总表

2011 年 12 月 31 日 单位：元

部门或用途	基本工资	加班工资	津贴补贴	资金	应付工资	代扣款	实发工资
生产办公桌	22 464	5 364	8 985.6	10 810.08	47 623.68		
生产沙发	24 192	6 480	9 676.8	10 938.24	51 287.04		
车间管理人员	12 236	759.6	5 506.2	2 072.16	20 573.96		
行政管理人员	10 052	918	3 877.2	2 183.76	17 030.96		
合计	68 944	13 521.6	28 045.8	26 004.24	136 515.64		

会计主管：范永建 复核：杨东梅 制表：谢丽华

附图 5-53 工资结算汇总表

水费分配表

2011 年 12 月

部门或用途	用水量（吨）	单价（元/吨）	应分配水费（元）
生产办公桌	213	1.86	
生产沙发	206	1.86	
车间管理	42	1.86	
行政管理	26	1.86	
合计	487	1.86	

会计主管：范永建　　复核：杨东梅　　制表：谢丽华

附图 5-54　水费分配表

电费分配表

2011 年 12 月

部门或用途	用电量（度）	单价（元/度）	应分配电费（元）
生产办公桌	2032	0.91	
生产沙发	1457	0.91	
车间管理	475	0.91	
行政管理	336	0.91	
合计	4300	0.91	

会计主管：范永建　　复核：杨东梅　　制表：谢丽华

附图 5-55　电费分配表

发出材料单位成本计算表

2011 年 12 月 31 日　　单位：元

材料名称	期初余额			本期购进				单位成本
	数量	单价	金额	购进时间	数量	单价	金额	
木条								
木板								
油漆								

会计主管：范永建　　复核：杨东梅　　制表：谢丽华

附图 5-56　发出材料单位成本计算表

发出材料汇总表

2011 年 12 月 31 日　　　　单位：元

部门/用途	木条			木板			油漆			合计
办公桌	数量	单价	金额	数量	单价	金额	数量	单价	金额	
沙发										
生产车间										
管理部门										
销售材料										
合计										

会计主管：范永建　　复核：杨东梅　　制表：谢丽华

附图 5-57　发出材料汇总表

制造费用分配表

2011 年 12 月 31 日

产品项目	分配标准（工时）	分配率（元/工时）	分配金额（元）
办公桌	2 130		
沙发	2 470		
合计	4 600		

会计主管：范永建　　复核：杨东梅　　制表：谢丽华

附图 5-58　制造费用分配表

产成品入库单

2011 年 12 月 18 日　　收字第 501 号

产品名称	规格型号	单位	应收数量	实收数量	金额（元）
办公桌		张	480	480	

仓库主管：陈德明　　复核：朱永材　　验收：李怡华　　制单：梁芳

附图 5-59　产成品入库单（一）

产成品入库单

2011 年 12 月 18 日　　收字第 502 号

产品名称	规格型号	单位	应收数量	实收数量	金额（元）
沙发		套	260	260	

仓库主管：陈德明　　复核：朱永材　　验收：李怡华　　制单：梁芳

附图 5-60　产成品入库单（二）

产成品入库单

2011 年 12 月 26 日　　　　收字第 503 号

产品名称	规格型号	单位	应收数量	实收数量	金额（元）
办公桌		张	120	120	

仓库主管：陈德明　　复核：朱永材　　验收：李怡华　　制单：梁芳

附图 5-61　产成品入库单（三）

产成品入库单

2011 年 12 月 26 日　　　　收字第 504 号

产品名称	规格型号	单位	应收数量	实收数量	金额（元）
沙发		套	140	140	

仓库主管：陈德明　　复核：朱永材　　验收：李怡华　　制单：梁芳

附图 5-62　产成品入库单（四）

完工产品成本计算单

2011 年 12 月 31 日　　　　单位：元

产品名称：办公桌（张）　　　　完工产品数量：

项目	直接材料	直接人工	水费	电费	制造费用	合计
期初在产品成本						
本月生产费用						
完工产品成本						
期末在产品成本						
单位成本						

会计主管：范永建　　复核：杨东梅　　制表：谢丽华

附图 5-63　产品成本计算单（一）

完工产品成本计算单

2011 年 12 月 31 日　　　　单位：元

产品名称：沙发（套）　　　　完工产品数量：

项目	直接材料	直接人工	水费	电费	制造费用	合计
期初在产品成本						
本月生产费用						
完工产品成本						
期末在产品成本						
单位成本						

会计主管：范永建　　复核：杨东梅　　制表：谢丽华

附图 5-64　产品成本计算单（二）

产品销售成本汇总表

2011 年 12 月　　　　单位：元

产品名称	计量单位	销售量	单位成本	总成本
办公桌				
沙发				
合计				

会计主管：范永建　　会计：杨东梅　　制单：梁芳

附图 5-65　产品销售成本汇总表

税费计算表

2011 年 12 月 31 日　　　　单位：元

税（费）种	计税基数	税（费）率	税（费）额	备注
城市维护建设税				
教育费附加				
合计				

会计主管：范永建　　会计：杨东梅　　制单：梁芳

附图 5-66　税费计算表

损益类账户发生额表（结转到本年利润前）

2011 年 12 月　　　　单位：元

收入类账户	借方发生额	贷方发生额	费用类账户	借方发生额	贷方发生额
主营业务收入			主营业务成本		
其他业务收入			其他业务成本		
投资收益			营业税金及附加		
营业外收入			销售费用		
			管理费用		
			财务费用		
			营业外支出		
合计			合计		

会计主管：范永建　　会计：杨东梅　　制单：梁芳

附图 5-67　损益类账户发生额表

内部转账单

2011 年 12 月 31 日　　　　转字第 501 号

摘要	结转科目			转入科目		
	总账科目	明细科目	金额（元）	总账科目	明细科目	金额（元）
结转收入类账户	主营业务收入			本年利润		
	其他业务收入					
合计						

会计主管：范永建　　会计：杨东梅　　制单：梁芳

附图 5-68　内部转账单（一）

内部转账单

2011 年 12 月 31 日　　　　转字第 502 号

摘要	结转科目			转入科目		
	总账科目	明细科目	金额（元）	总账科目	明细科目	金额（元）
结转费用类账户	主营业务成本			本年利润		
	其他业务成本					
	营业税金及附加					
	销售费用					
	管理费用					
	财务费用					
	营业外支出					
合计						

会计主管：范永建　　会计：杨东梅　　制单：梁芳

附图 5-69　内部转账单（二）

税费计算表

2011 年 12 月 31 日　　　　单位：元

税（费）种	计税基数	税（费）率	税（费）额	备注
所得税				
合计				

会计主管：范永建　　会计：杨东梅　　制单：梁芳

附图 5-70　税费计算表

内部转账单

2011 年 12 月 31 日　　　　转字第 503 号

摘要	结转科目			转入科目		
	总账科目	明细科目	金额（元）	总账科目	明细科目	金额（元）
结转所得税费用	所得税费用			本年利润		
合计						

会计主管：范永建　　会计：杨东梅　　制单：梁芳

附图 5-71　内部转账单

广东佳兴木业有限公司股东大会决议

经股东大会一致同意，形成决议如下：

经股东大会决议批准，佳兴木业有限公司决定按税后利润的 10%提取法定盈余公积金。

广东佳兴木业有限公司

董事长：李佳胜

2011 年 12 月 31 日

附图 5-72　计提盈余公积金决议

法定盈余公积金计提表

2011 年 12 月 31 日　　　　单位：元

项目	计提基数	计提比例	计提金额	备注
法定盈余公积金				
合计	–	–		

会计主管：范永建　　会计：杨东梅　　制单：梁芳

附图 5-73　法定盈余公积金计提表

广东佳兴木业有限公司股东大会决议

经股东大会一致同意，形成决议如下：

经股东大会决议批准，佳兴木业有限公司决定向投资者分配利润 50000 元。

广东佳兴木业有限公司

董事长：李佳胜

2011 年 12 月 31 日

附图 5-74　利润分配决议

内部转账单

2011 年 12 月 31 日　　　　　　转字第 504 号

摘要	结转科目			转入科目		
	总账科目	明细科目	金额（元）	总账科目	明细科目	金额（元）
结转“本年利润”账户本年累计余额	本年利润			利润分配	未分配利润	
合计						

会计主管：范永建　　　　会计：杨东梅　　　　制单：梁芳

附图 5-75　内部转账单

内部转账单

2011 年 12 月 31 日　　　　　　转字第 505 号

摘要	结转科目			转入科目		
	总账科目	明细科目	金额（元）	总账科目	明细科目	金额（元）
结转利润分配数额到未分配利润	利润分配	提取法定盈余公积		利润分配	未分配利润	
		应付投资者利润				
合计						

会计主管：范永建　　　　会计：杨东梅　　　　制单：梁芳

附图 5-76　内部转账单